进化

[塞浦] 康斯坦丁诺斯·马基德斯

Constantinos Markides

著

赵雅 译

组织
颠覆性变革
转型之道

ORGANIZING FOR
THE NEW NORMAL

中国科学技术出版社

·北京·

Copyright © Constantinos C. Markides, 2021
This translation of Organizing for the New Normal is published by arrangement with Kogan Page.

北京市版权局著作权合同登记　图字：01–2022–0387。

图书在版编目（CIP）数据

进化：组织颠覆性变革转型之道 /（塞浦）康斯坦丁诺斯·马基德斯著；赵雅译 . —北京：中国科学技术出版社，2022.7

书名原文：Organizing for the New Normal

ISBN 978–7–5046–9624–3

Ⅰ . ①进… Ⅱ . ①康… ②赵… Ⅲ . ①企业管理—组织管理学 Ⅳ . ①F272.9

中国版本图书馆 CIP 数据核字（2022）第 094024 号

策划编辑	杜凡如　王　浩	
责任编辑	杜凡如	
版式设计	蚂蚁设计	
封面设计	马筱琨	
责任校对	吕传新	
责任印制	李晓霖	

出　　版	中国科学技术出版社	
发　　行	中国科学技术出版社有限公司发行部	
地　　址	北京市海淀区中关村南大街 16 号	
邮　　编	100081	
发行电话	010–62173865	
传　　真	010–62173081	
网　　址	http://www.cspbooks.com.cn	

开　　本	880mm×1230mm　1/32	
字　　数	159 千字	
印　　张	7.5	
版　　次	2022 年 7 月第 1 版	
印　　次	2022 年 7 月第 1 次印刷	
印　　刷	北京盛通印刷股份有限公司	
书　　号	ISBN 978–7–5046–9624–3/F·1012	
定　　价	59.00 元	

目录

在颠覆性变革的浪潮中冲浪

众所周知，微软公司在2014—2020年进行了巨大转型，令人印象深刻。萨蒂亚·纳德拉（Satya Nadella）于2014年2月接任微软公司首席执行官，在他的带领下，微软公司从一家软件包（如Windows操作系统及其Office应用套件）的销售公司转型为一家云计算巨头，向企业提供其在线存储和计算与处理服务。截至2020年，微软公司的云计算业务收入超过了谷歌公司，微软公司云基础设施市场份额高达17%，超过了IBM、阿里巴巴集团和谷歌公司的市场份额之和（仅次于亚马逊市场份额的32%）。还有一个重大变化是微软公司不再出售其商务应用套件（如Word、Excel和PowerPoint），转而以出租的形式提供给用户使用，用户需要支付年费。目前微软公司拥有超过2亿的用户。

这一转型并不容易。微软公司需要大幅度削减对Windows和基于Windows的项目的资金支持，从而为云计算提供资金。同时，微软公司还需要放弃不符合新愿景的投资，例如，2015年它对已收购的诺基亚手机业务进行了76亿美元资产的减值计提。更重要的是，这种转型需要微软公司文化发生根本性变革：不再围绕Windows构建一切，而是将Windows作为众多客户端之一，苹果手机、安卓手机和苹果电脑同样成为微软公司的服务目标。

毫无疑问，到目前为止，微软公司的转型很成功。从2014年起的六年时间里，微软公司的股价上涨了200%以上，它的市值在2019

年4月25日超过了10 000亿美元。这当然令人印象深刻，但微软公司现在面临的挑战是它刚刚经历了一场巨大转型，几乎没有时间让自己喘口气。它需要继续自己跨越式变革的道路，甚至可能又得进行一次重大转型。原因很简单：虚拟现实、人工智能、机器人、合成生物学、纳米材料、大数据、新型商业模式等新兴的，甚至更为激进的颠覆性变革正在各行各业产生影响，改变着一切。微软公司也不可能置身事外，这意味着它必须找到"应对"这些颠覆性变革的方法——不仅要顺应它们，还要以创造性的方式利用它们。想象一下，纳德拉刚刚才经历了一次让微软公司焕新的痛苦过程，对他来说，这一定是个巨大的挑战。就在他刚刚"完成"了一次微软公司的重大转型，也许在想是时候让微软公司休息一下时，他需要再次激励团队应对更多的变化和动荡。

值得称赞的是，纳德拉似乎完全意识到了这一点。在2019年5月的一次采访中，他提到："在微软公司，我们有一个很坏的习惯，就是不能给自己施压，因为我们对自己的成就感到非常满意，我们正在学习如何不看过去。"但是，即使他已经认识到不能停留在过去的成就上，他还必须弄清楚到底该做什么、该怎么做。他不知道在影响着微软公司发展的诸多颠覆性变革中，哪一种的势头会增长，或最需要他的关注。他不知道颠覆性变革将以何种形式阻碍微软公司发展，也不知道它何时会出现。但是，他需要以某种方式，让微软公司在情感和组织上做好踏上未知旅程的准备。同样的问题又来了，他如何才能做到这一点？

这个挑战有什么独特之处

　　组织需要定期给自己注入活力，这说法并不新鲜。如图1.1所示，每个组织都会经历这样一个生命周期：从初创期到快速增长期，再到成熟期，最后是衰退期。进入衰退期是不可避免的，除非领导者主动介入，并通过将组织推入新的增长曲线来恢复其活力。这正是纳德拉通过将微软公司带入云计算领域所做的。组织凭借这种新注入的活力可以维持数年，但不能永远持续。在某一时刻，成熟期还是会来临，而重新注入活力的需求将再次出现。因此，自古以来，向衰落的组织重新注入活力一直是领导层的一项要求。

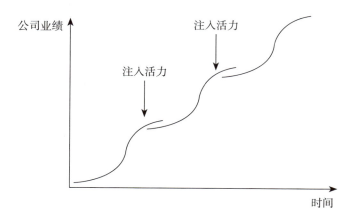

图1.1　组织定期注入活力是必要的

　　然而，现在情况不一样了。如今的世界，一切似乎都发生得更为迅速。表1.1中的数据就是一个很好的例子。20世纪，像航空、汽车等领域的公司或产品需要六十多年的时间才能积累5 000万用户。

相比之下，在21世纪初，像油管（Youtube）和脸书（Facebook）这样的平台只用了不到五年的时间就达到了同样的用户数量。这只是一个迹象，表明变化正在加速，甚至指数级加速。《自然》（Nature）杂志很好地总结了其中的含义："很多现在看起来理所当然的事情，在几十年前被视为未来派的无稽之谈。我们可以在网络上搜索数十亿个网页、图像和视频；智能手机已经无处不在；数十亿相互连接的智能传感器实时监测着一切，从地球的状态到我们的心率、睡眠时间和步数；鞋盒大小的无人机在天空中飞翔，卫星在太空中漫游。如果变化的速度呈指数级加速，那么这几年内的所有进步可能都开始显得微不足道。"[2]

表1.1 公司或产品获得5 000万用户所需的时间

公司或产品	时间 / 年
航空公司	68
汽车	62
电话	50
电力	46
信用卡	28
电视机	22
自助取款机	18
计算机	14
手机	12
互联网	7

（续表）

公司或产品	时间 / 年
油管	4
脸书	3
推特（Twitter）	2
微信	1
宝可梦 GO（口袋妖怪）	19 天

引目 Jeff Desjardins: "How long does it take to hit 50 million users?" Visual Capitalist, June 8, 2018.

变化速度的加快对公司也有具体的影响。公司的增长曲线将不再是如图1.1所示，而将呈现出的是图1.2所示的情况。它意味着之前公司期望一次焕新可以让自己维持数年，而现在，情况将不再如

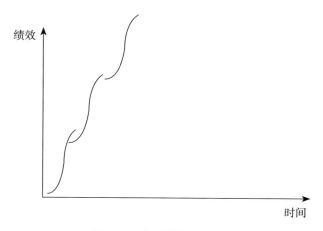

图1.2　当今世界的转型速率

此。在公司有机会完成一次颠覆性变革之前，公司就需要着手进行另一次颠覆性变革。没有时间休息，没有时间品尝变革的成果，甚至没有时间思考。你如何让公司准备好应对持续的、并行的颠覆性变革？当你正忙于推动当前的转型时，你要如何为即将到来的事情做好准备？如何说服"疲惫"的员工加入你的变革之旅？这是当前每一位领导者都会面临的挑战，无论他们在过去十年间的数字化转型有多么成功。

我自己的一项研究让我意识到这一挑战的严重性。2016—2017年，我对150位来自全球各大公司的高层管理者进行了一项调查，请他们评估自己在过去十年间应对数字化转型方面的成功程度。大多数人表示他们对自己的应对措施感到满意，并且将其评价为"仍然需要不断改进"。然而，当被问及前景时，70%的人表示"担心"或"非常担心"。有几个原因导致这种情况，其中一个关键原因是他们认为新的颠覆性变革正在日益频繁地侵入他们的业务，这需要公司长期关注和投入持续性的资源。他们担心的是，一方面，在一次变革结束之后很快就让员工开始另一次变革，这太具挑战性；另一方面，对影响和时间尚不清楚的颠覆性变革制定战略，也具有不确定性。

这些高层管理者本能地意识到，他们现在面临的任务性质不同于简单地让公司为应对一次性的颠覆性变革做好准备，如需要营造变革的紧迫感。没有哪个首席执行官不知道，在开启一次重大变革之前，需要在公司中营造一种紧迫感。这是所有关于变革或转型的书中提供的标准建议，也是所有商学院毕业生根深蒂固的一种观念。然而，为持续性转型营造紧迫感与为一次性跨越式变革或重组营造紧迫感是完全不同的。

首先，你面临的挑战是如何激励那些在数字化转型中感到疲惫的人。更重要的是，你现在的任务不是营造一种一次性的紧迫感，而是营造一种"永久性"的紧迫感，一种对现状的持续不安，以此推动公司持续变革。"燃烧的平台"（burning platform，指"火烧眉毛"的危急时刻，当事人或企业亟须做出选择或改变）在这里不会起作用。

其次，你要考虑如何向你的员工说明继续更多变革的必要性。似乎每个人都知道，将变革仅仅视为需要防范的威胁是错误的。克莱·克里斯坦森（Clay Christensen）在其关于颠覆性创新的书中强调，变革既是一种威胁，也是一种机遇。根据《斯隆管理评论》（*Sloan Management Review*）中的表述，颠覆性创新是"为数不多的大部分高层管理者都熟悉的管理理念之一"[3]。事实上，我在2019年对全球486位首席执行官进行的一项调查中发现，近96%的首席执行官认为最好将变革视为一个机遇，而不是威胁。然而，挑战在于如何说服那些直面惊人的变革的人，让他们不要把这些变革视为威胁，而视为机遇。在理性的层面上，他们会同意你的观点。但他们的心理和感受将被由变革造成的恐惧所支配。正是这种恐惧，会让他们惴惴不安，并在变革中支配他们的行动。因此，你试图说服人们将变革视为一种机遇的努力很可能会被置若罔闻，大多数人还是会将变革视为威胁。正如我稍后将解释的，这将导致错误的行动和应对。因此，当务之急是找到方法让人们相信，变革确实是机遇，应该被当作机遇来对待。[4]但是要如何做呢？如何一次又一次地去这样做呢？

本书涵盖的内容

本书旨在探讨一个问题：如何让组织准备好应对连续、并行的变革或在短时间内应对一个接一个的变革，也就是如何让组织做好参与持续性跨越式变革的准备。正如我在上文中提到的，由于你可支配的时间有限，并且你已经在为当前的转型忙碌，这一挑战将变得更加困难。此外，你的组织很可能因你正在进行的转型而士气低落。所有这一切构成了一个巨大而独特的挑战，这需要与以往不同的技能和策略。本书将探讨领导者要在这方面取得成功所必须做的一些事情。具体而言，我们将探讨以下问题。

第一，你需要让员工相信，即将到来的变革不仅仅是对来之不易的成功的威胁。它是威胁，但同时也是机遇，我们需要以创造性的方式对它加以利用。大多数人会声称他们以前听过这个建议，但不幸的是，说起来容易做起来难。你的员工直面变革，他们整天看到的都是这些变革带来的消极影响。当然，在理性的层面上，他们可以理解，也许在未来的某个时候，会有许多好处体现出来。但他们的当务之急是活下来！他们的注意力会集中在变革的消极方面，无论你说什么，他们"听到"或"看到"的都只有威胁。当人们看到的都是事物的消极方面时，你如何能说服他们相信事物也有积极的一面？我们将在第02章探讨这个问题。

第二，你需要营造一种"永久性"的紧迫感，使你的员工处于持续的警惕状态。你不知道下一次变革会在什么时候发生，因此你需要随时做好准备。这意味着，创造"燃烧的平台"是不够的，那是营造一次性紧迫感的方式，不能用来营造一种积极应对持续不安现状的氛围。同时，员工已经因为你目前正在进行的转型而精疲力尽，你直接要求他们采取行动是不会有效的。你必须找到新的方法来动员他们。我们将在第03章探讨如何做到这一点。

第三，你需要将日常行为制度化，使你能够快速识别变革是否即将发生，而且能够快速有效地应对它。这句话内涵丰富，我将用两章的篇幅来解读。可以说，大家都很清楚自己该做什么，所以问题不在于缺乏知识，而在于缺乏行动：尽管知道自己该做什么，但很少有人会主动行动。当然，这是有原因的，我们将探讨究竟有哪些原因，以及哪些行为会使组织中的每个人变得敏捷，从而准备好迎接可能在任何时候冲击我们的变革。这部分内容将在第04章中讲述。我们还将探讨如何通过管理者和团队领导者的行动，以一种分散（去中心化的）的方式将这些行为制度化。这是一种比集中的、自上而下的方式，更有效、更持续地改变组织文化的方式。这个话题将在第05章中讨论。

第四，给予中层管理人员和团队领导者自主权，以及鼓励分散的变革过程都不能脱离实际。显然，在没有任何约束或指导性参数的情况下就授予自主权将导致严重的后果。因此，我们需要制定指导性参数，在这些指导性参数中，人们可以自由和自主地行动。这些指导性参数中，最重要的是组织已经做出的明确的"战略选择"，包括要做什么，以及更重要的，不要做什么。这听起来很简单，但证据表明，许多组织既没有做出一个好的战略所需的必要选择，也没有足够清晰地传达它们的战略，来为它们的员工提供指导。另一个重要的指导性参数是组织的"目标和价值观"，它能帮助员工决定哪些行动是适合公司的，哪些不是。同样，这听起来很容易落实，但证据表明，大多数组织都没有向员工"推销"它们的目标和价值观，来争取他们的支持。因此，这些目标和价值观都只是挂在墙上的华丽装饰，而没有成为员工的指路灯塔。我们将在第06章探讨如何改善这种状况。

第五，总有一天，组织需要制定具体的战略来应对任何影响自身业务的变革。我们如果不知道要应对的具体变革是什么，就不可能决定应对战略，但最重要的，是要确保我们的应对战略是创新的。我们的目标不应该是抵制变革，而是利用它，这是第07章将探讨的主题。这进而引出了如何制定创新的应对战略的问题，我们将在第08章讨论如何实现这一目标。

我们不仅要制定一项创新的应对战略，还必须让我们的员工相信这是一项正确的战略。此外，任何战略在一开始都不会是完美的，因此我们需要确保我们能从市场中学习，并相应地调整我们的做法。如何知道组织战略是否正确？如何说服其他人支持自己？答案是通过实验。但问题是并非所有的实验都是好的实验，特别是当实验涉及组织的战略，而非一个新想法或一个新产品时。如何为你的应对战略设计一个"巧妙的"实验并据此实践？我们将在第09章回答这个问题。

第六，总有一天，组织将开始实施其应对战略，那时将会出现的问题是如何从现在正在做的事情过渡到未来需要做的事情。向新的战略定位进行转型是一个挑战，在这个过程中许多事情都可能出错。我们将在第10章中探索如何尽可能轻松地实现这种转型。

我想阅读本书的高层管理者不会为这些步骤感到惊讶，这其中应该没有他们不熟悉的东西。但我也希望他们有足够的兴趣进一步阅读，了解如何实现这些步骤。本书的重点不是介绍一个不为人知的成功秘诀，而是说明如何正确地实施那些商业常识，这可能就是变革成败与否的关键。"知道该做什么"与"实际做了什么"或"以正确的方式去做"并不一样，这是我希望本书能让你深刻理解的地方。

阅读本书会使你成为更好的领导者或更好的管理者吗？这并不取决于你是否学到了新的东西，而是取决于你是否把阅读本书时产生的想法转化为行动。证据表明，人们常常无法将知识转化为行动。例如，我们都知道应该定期进行体育锻炼，但很少有人这样做；我们都知道应该持续挑战和质疑公司的运营方式，但除非面临危机，否则我们很少这样做；我们都知道，作为领导者，我们应该花大量时间对我们的业务进行"战略性思考",但事实证明我们并没有这样做。造成这种知行差距的原因有很多,没有足够的时间是其中一个原因,组织文化和激励机制不鼓励这些我们希望实现的行为也是一个原因。但另一个更私人的原因是无助感。很多时候,我们不做某件事是因为我们认为自己的行动不会带来改变。例如,作为个体,我真的能改变公司的文化或激励机制吗?我真的能改变我的员工的行为吗?我们如果认为自己的努力不会有什么效果,那又何必去尝试呢?在本书中,我将努力传达的一个观点是蝴蝶效应——"小的变化可以产生大的影响"。本书将强调一些你可以做的"小事",以使你的组织产生巨大的变化。如果这种前景让你感到兴奋,那你就继续读下去吧!

02

态度是关键

如何为这段旅程建立正确的心态

毫无疑问，过去20年的数字变革对我们的工作方式、购物方式、日常生活方式、价值观以及人们对生活的期望产生了巨大的影响。这些变化反过来又导致公司从根本上改变其管理员工、服务客户以及相互竞争的方式。例如，我们注意到了从纵向的等级制度向横向的网络体系的转变；从固定定价向动态定价的转变；从大众营销向定制营销的转变；从封闭式创新向开放式创新的转变；从传统战略向平台战略的转变。面对这些巨变，公司必须进行自我转型，这不仅关乎公司如何在这场数字变革的海啸中生存下来，更关乎公司如何利用变革带来的机遇。

然而，这段变革之旅才刚刚开始。不管数字变革在过去20年里有多大的颠覆性，也不管我们为应对数字变革付出了多少努力和代价，新的、更具颠覆性的变化正在发生。技术变革（如人工智能、机器人和虚拟现实）不再是威胁我们生存的唯一因素。地缘政治的变化以及宏观经济、人口、制度、环境和健康方面的变革（如新型冠状病毒肺炎）相互交织，正在形成一种综合性的变革，相比之下，数字变革看起来也不算太大的事了。

这意味着公司需要时刻保持警惕，随时准备应对任何可能发生的变革，如果有必要，还需要进行另一次转型。正如一句名言所说："一段旅程的结束意味着另一段旅程的开始。"这正是领导者需要向公司员工传达的信息——在刚刚开始或完成令人疲惫的数字化转型之旅后，我们不能安于现状，我们需要开启下一段旅程。这听起来很好，也很有道理，但问题是如何说服我们的员工跟随我们。他们对我们为应对数字变革所做的一切已经感到疲惫不堪，我们如何才能再次激起他们的行动力？这是一个不小的挑战，我们在本章中将会对此进行探讨。我想传达的关键信息：①我们还需要应对更多的变革，如何向员工表达清楚这一点是很重要的；②有错误的表达方式和正确的表达方式。如果不能以正确的方式表达，无论我们采取什么战略，都会失败。

我们所使用的语言的重要性

"他撒了谎，但他不是骗子。"对于兰斯·阿姆斯特朗（Lance Armstrong）承认自己在7次环法自行车赛夺冠的过程中都非法使用了兴奋剂，演员马修·麦康纳（Matthew McConaughey）是这样评论的。这是一个有趣的陈述，因为传播者（麦康纳）在区分人的行为（说谎）与身份（骗子）。这点很重要，因为如果我们强调人们的身份而非其行为，其影响会大为不同。具体而言，学术研究结果表明，如果你强调人们的身份而非其实际行为，你更有可能影响他们的行为，也就是说，更有可能让他们做某事或改变某事。这意味着你不应该对人们说"不要撒谎"，而应该说"不要成为一个骗子"；或者你不应该对他们说"请投票"，而应该告诉他们"成为一个选民"。

通过这个例子，我想说明语言在影响人类行为方面有多么重要。再举一个例子，想想我们通常给年轻人的建议——"寻找自己对生活的热情所在"。最近的研究结果表明，告诉人们去寻找自己的热情，实际上对他们不利。[3] 因为这使他们相信热情就在某个地方等着被自己发现。结果，当没有找到时，他们往往会感到失望，并开始将失败归咎于自己的运气不好。更好的做法是告诉人们要培养自己的热情，因为这是在告诉他们，兴趣是任何人都可以通过努力和时间来培养的。因此，他们在追求兴趣方面会变得更加积极主动和坚持不懈，也更有可能将兴趣培养成热情。仅仅是将"寻找你的热情"改为"培养你的热情"，就能对人们的感受和行为产生巨大影响，这的确令人惊叹。

最后一个例子，试想一下这种情况。[4] 医生通知你，你患有某种癌症，有两种治疗方法供你选择：放射治疗或手术。当你向医生征求建议时，医生说他不能做具体推荐，但他可以告诉你每种治疗方法的成功概率。其中一种说法如下：

在100个接受手术的人中，10人会在手术期间死亡，32人会在一年内死亡，66人将在五年内死亡。在100个接受放射治疗的人中，没有人会在治疗期间死亡，23人会在一年内死亡，78人会在五年内死亡。你更倾向于哪种治疗方法？

在这种告知框架下，医生说明了死亡率的基本情况。当然，他也可以从存活率的角度来提供同样的信息。比如说：

在100个接受手术的人中，90人将在手术后存活，68人将活过一年，34人将活过五年。在100个接受放射治疗的人中，所有的人都将在治疗中存活下来，77人将活过一年，22人将活过五年。你更倾向于哪种治疗方法？

两种说法揭示的是同样的根本性信息，因此你会期望，无论如何提供这些信息，理性的人会做出相同的选择。然而，现实生活中的结果并非如此。当人们被告知死亡方面的信息时（第一种说法），选择手术和放射治疗的人各占一半。当被告知同样的事实，只不过从存活率的角度来说明时（第二种说法），84%的人选择了手术。

这一切都给我们带来了变革。在一本关于如何应对变革的书的开头，自然要讲述那些已经被证明能够带领公司走向成功的战略。然而，在一个公司开始实施任何战略之前，领导者必须向他的员工解释"为什么"——为什么我们必须进行更多的变革？为什么我们必须应对更多的变革？难道我们做得还不够多吗？鉴于我们在过去几年中所进行的所有变革，我们不是已经对即将到来的风暴做好准备了吗？这些问题都必须回答，这需要沟通。证据表明，用来向员工解释我们为什么要应对变革的语言决定了员工的行为方式，而员工的行为方式可能就是成败的关键。[5]

大多数人认为，我们需要应对变革的原因是（或应该是）很容易理解的。公司正面临着生存的威胁，所以我们自然该为此做些什么。因此，他们认为，如何向员工解释"为什么"是显而易见的。首先，领导者对正在损害公司利益的某一种变革进行描述，向员工强调公司所面临的致命危险；其次，领导者寻求员工的帮助和支持，以应对这一危险。这是一种"威胁式"的语言框架，类似于医生告诉你："如果不戒烟，并且还不开始定期锻炼，那么你将会有严重的健康问题，并且会过早死亡。"然而，还有一种方法可以向员工解释变革的必要性。与其直接要求员工采取行动，不如给他们一个积极的愿景，让他们知道如果他们真的开启你所提议的变革，就可以实现什么，因此你才激励他们与你一起踏上这段探索之旅。这是一种"机会式"语言框架，类似于医生告诉你："如果你戒烟并开始定期锻炼，那么你将活到100岁，而且不会出现严重的健康问题或健康恐慌。"

鉴于有两种向员工说明变革必要性的方式，领导者面临的挑战是选择哪一种：应该把它说成是我们需要"防御"的威胁，还是说成是一种可以"攻击"和利用的机会？多数人似乎本能地倾向于积极的框架。在2019年我对全球486位首席执行官进行的调查中，近96%的人表示，将变革视为机遇而非威胁的公司更有可能在应对变革方面取得成功。但这种想法实际上是错误的。

哈佛大学商学院的克拉克·吉尔伯特（Clark Gilbert）在其博士论文中研究了美国报业对互联网与在线新闻的应对战略。他发现那些将互联网视为威胁的公司最终失败了，这并不奇怪。令人没有想到的是，那些将互联网视为机遇的公司也没有做出成功的应对，它们已失败了。他发现，那些最终制定了成功应对战略的是把变革既视为威胁又视为机遇的公司，这项发现的确令人惊讶。

读者可能会觉得这是学术上的吹毛求疵，但这项发现的背后其实有很充足的理论依据。将某一事物视为威胁，既有积极的一面，也有消极的一面。从积极的方面来说，它有助于我们在组织中营造紧迫感，并将我们的注意力和资源集中在手头的任务上。从消极的方面来说，它使我们更多地依赖本能而非分析，我们会优先考虑短期而非长期。例如，试想一下，在你外出旅行遇到狮子攻击时，会发生什么。步步紧逼的狮子这种明确又正在发生的危险会使人产生紧迫感，集中注意力，并激发自己调动所有能量以应对狮子。这些是积极的一面，但也有消极的一面。我们在应对危险时，没有经过真正的思考，而且专注于短期解决方案。上述例子表明将事物视为威胁有利有弊。毋庸置疑，将事物视为机遇，同样有利有弊。有利的一面是，它有助于我们从逻辑、分析和长远的角度思考问题；不利的一面是，它无法营造出能使人们采取行动的必要紧迫感。这意味着我们如果想在组织中既要有紧迫感，也要有长线思维，就需要将变革同时视为威胁和机遇。

案例：新型颠覆性商业模式

当正在影响众多公司的一种具体的变革，即一种新型颠覆性商业模式出现在一个成熟的市场中时，这一点就变得很明显了。我们对新型颠覆性商业模式唯一的了解，就是它们通过吸引两种不同类型的客户来实现增长：现有公司目前服务的客户，以及首次进入市场的新客户。事实上，正如克里斯坦森在他关于颠覆性创新的著作中所证明的那样，最初是新客户被新入场的商业模式所吸引，并给予它成长所需的最初支持。[7]只有随着时间的推移，老客户才能发现新事物"足够好"并转而选择它。新型颠覆性商业模式的成长过程如图2.1所示，该图改编自吉尔伯特的著作。[8]

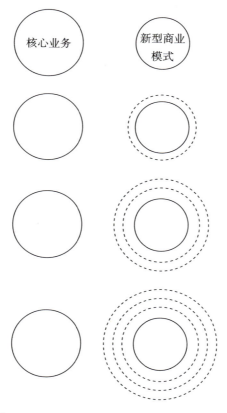

改编自Clark Gilbert: "the disruption opportunity", Sloan Management Review, summer 2003, Vol. 44, No. 4, p. 28.

图2.1　新型颠覆性商业模式的成长过程

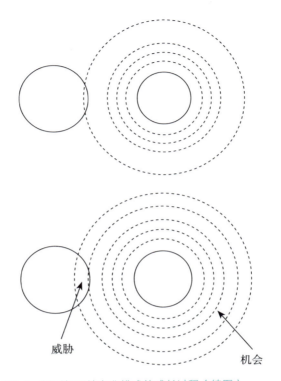

威胁

机会

图2.1　新型颠覆性商业模式的成长过程（续图）

新的商业模式会吸引与核心业务客户不同的新客户。例如，在金融证券领域在线经纪业务模式吸引的第一批客户是日间交易员，而不是富有的个人或机构投资者。同样地，在航空领域低成本的直飞航线吸引的第一批客户是寻求低价的家庭和学生旅客，而不是商务旅客。这些"不同"的客户是新的商业模式在短期内发展的支撑，而引入该商业模式的创新者会年复一年地对它进行改进，直到新的商业模式达到对核心业务的客户来说也"足够好"

的程度。那时，这些核心业务的客户开始转向新的商业模式，核心业务开始被蚕食。这个过程持续了一段时间，最终结果如图2.2所示。我们可以看到变革创造的市场（由阴影圆圈代表）主要有两种类型的客户——成熟的核心业务的客户和新客户（与成熟业务的客户不同）。

图2.2清晰地表明，新的商业模式对老牌公司来说既是威胁又是机遇。说它是威胁，因为它从核心业务中吸引了一些客户，并在此过程中蚕食了核心业务；说它是机遇，因为它创造了一个由新客户组成的新市场。

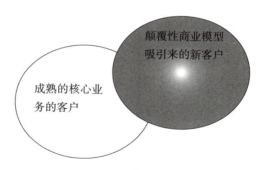

图2.2　新的商业模式既是威胁又是机遇

为什么把变革同时视为威胁和机遇很重要？

人们可能会想：这有什么好大惊小怪的？我们如何看待变革会有什么影响？这是不是无事生非？一方面，正如本书在之前提出的那样，只有我们将变革同时视为威胁和机遇，而不是非此即彼，我们才会既有紧迫感又有长线思维。另一方面，对问题的正确理解还能带来其他好处。我们所知道的是，我们如何构建事物将决定自己如何思考它、如何处理它以及最终会做什么。这可能决定了我们应对战略的成败。

例如，如果变革既是一种威胁，又是一种机遇，那么对公司产生的第一个影响是他们需要同时"防御"和"攻击"变革。这立即引起了一个问题：一家公司能否以一种战略同时进行"防御"和"攻击"？或许最好有两种不同的战略？一种旨在保护核心业务，另一种旨在利用变革创造的新市场。这就是学术界已经探讨过的双重转型的话题，我们将在本书的第08章中探讨。此外，如果需要两种不同的战略，核心业务的管理者是否可以同时制定这两种战略，还是应该将"攻击"战略的制定分配给其他人？最后，如果需要两种不同的战略来"应对"变革，是应该由同一家公司来实施这两种战略，还是应该由另外一个单独的公司来负责实施"攻击"战略？要回答这些问题显然很困难，我们也不会假装知道所有问题的答案。但关键是我们只有以"正确"的态度去看待变革，去思考，才有可能提出这些"正确"的问题。

还有一个例子可以进一步说明用"正确"的态度应对变革的重要性。"公司应该倾听客户的意见"是一项公认的良好管理原则。在2019年我对全球486位首席执行官进行的调查中，近88%的首席执行官认为以下陈述是正确的：接近核心客户并倾听他们意见的公司往往在应对变革方面做得更好。然而，如果你能将变革同时看作威胁和机遇，这就会提醒你注意这种立场存在缺陷。

从表面上看，这句话显然是正确的。毕竟，一家公司如果不关注其核心客户，怎么能成功呢？然而，当事关变革时，可能会适得其反。这是因为正如我在上文所说，许多被变革所吸引的客户不是我们的核心客户或现有客户。他们是新客户，其中许多人是第一次进入市场。因此，仅仅倾听我们现有客户的意见是不够的。事实上，克里斯坦森在其颠覆性创新方面的著作表明，倾听现有客户的意见可能会使公司误入歧途。[10]

例如，20世纪90年代中期，在线经纪业务这项可行的商业模式逐渐兴起，嘉信理财（Charles Schwab）和亿创理财（E-Trade）等公司在其中引领潮流。想象一下，为了应对这种竞争方式的早期成功，像美林证券（Merrill Lynch）这样的传统经纪公司接触其现有客户，也就是富有的个人或机构投资者，并为他们提供在线经纪服务。基本上，就像任何其他在线经纪公司一样，美林证券将为他们提供更便宜的手续费和更快的交易执行速度，但不提供或仅提供有限的服务、研究和建议。对于富有的个人或机构投资者来说，他们大概率不会愿意接受美林证券从传统的模式，即提供专业的（有偿）服务和建议的模式，转为不提供建议但收费更低的模式。他们会对美林证券表明态度，因此，美林证券会觉得没有必要采用新的商业模式。从这个意义上看，倾听现有客户的意见可能会使公司远离一些有盈利潜力的业务。即使现有客户不会让我们误入歧途，但倘若只关注这部分客户，也会让公司形成旨在捍卫核心业务的想法。只有与新客户交谈，了解他们对不同事物的期望和需求，我们才能开拓关于如何应对和利用变革的思路。

同样地，只有我们将变革既视为威胁又视为机遇，我们才能意识到需要改进当前的产品和服务。如上文所述，关于颠覆性创新的学术研究结果表明，变革创造的市场最初由与购买老牌公司的客户不同的客户组成。 这些客户不想要老牌公司提供的产品，他们想要的是创新者强调的"新"事物。这表明，即便老牌公司试图改进它们现有的产品，也不太可能吸引这些"新"客户，因为他们想要的是完全不同的东西，而不是原来产品的升级版。

老牌公司也不能期望通过提供与创新者相同但更好的产品来战胜创新者。创新者是变革所创造的新市场中的"先行者"，老牌公司仅仅通过试图比创新者做得更好来进行竞争，很可能以失败告终。正如迈克尔·波特（Michael Porter）所提议的："竞争战略的基本规则，就是无论挑战者的资源或持久力如何，都不要以模仿战略'正面进攻'。" 以上这些都表明，试图"做得更好"并不是应对变革的好方法。老牌公司应该像一个即将进入全新市场的创业者一样思考，制定出适合新市场的战略。老牌公司不能把已经在其核心市场使用的战略的升级版本作为新战略来使用。

上述这些例子都表明，我们如何向员工描述变革，将成为一个"镜头"，员工会透过这个"镜头"看待他们所面临的挑战，而这又将决定他们会问什么问题，会追求什么答案。变革既是威胁又是机遇，以这样"正确"的方式描述变革，将增加我们的员工提出"正确"问题的可能性。

如何令员工相信变革是一种机遇

这个问题可能是领导者在向员工阐述"变革既是威胁又是机遇"这一观点的过程中所面临的最大挑战。我们大多数人都会凭直觉接受这样的论点，即我们应该从两个方面来看待变革。事实上，我在2018—2019年以数字化转型之旅为主题采访过的大多数首席执行官都表示他们已经向组织传达了这一点。下面这句话很好地表达了这种观点："人工智能创造的就业机会将比它毁掉的就业机会多出数百万个。"[13]

虽然这一切都很有道理，但我们面临的问题是人们是在变革带来消极影响（包括失业）的背景下接收这一信息的。我们鼓励他们把变革视为一种机遇，但他们每天看到的都是变革带来的消极影响。例如，就在我写下这行文字的时候，世界正处于新冠肺炎疫情的危机中。许多人都在谈论，我们不仅需要关注这场危机的负面影响，还要试着发现它的积极一面。例如，许多人以远程或虚拟的方式工作。当然，这种说法是合理的，但对我们所有人来说，这种说法起不到任何安慰的作用，因为我们主要关注的是如何平安度过这场新冠肺炎疫情危机。

再举一个例子。试想一下，假如你刚刚被公司辞退，你回到家，你的家人试图安慰你，尽管失业是一个糟糕的结果（可能会严重影响到你的经济状况），但这对你来说也是一个很好的机会，也许可以学习一项新技能，或者花更多的时间与家人在一起，或者去做你一直想做却没时间做的环球旅行。毫无疑问，在理性的层面上，你可以看到这些与新获得的空闲时间相关的许多好处，你甚至可能对自己的困境有了良好的感觉。但是这种愉快的感觉会持续多久，然后你便会开始担心你的未来？更重要的是，在接下来的几个月里，你会把大部分时间花在什么事情上，是找一份新工作还是环游世界？

事实上，与变革可能带来的未来利益相比，人们更看重它直接的消极影响，因为这是他们现在就能看到和感觉到的。这严重影响了我们如何向员工传达和描述变革。具体来说，相比"变革是一种威胁"，我们需要花更多的时间和精力向人们解释"变革是一种机遇"。如果在解释这两个问题的过程中，所花费的时间是同等的，或采取的沟通策略是类似的，那么显然是不够的。在实践中，这意味着要说明变革是一种威胁，你必须清楚地阐述公司所面临的具体挑战，需做出的选择和权衡，同时以具体的事实作为支撑论据。然而，要证明变革同时也是一种机遇，需要的不仅仅是沟通或摆出事实。人们需要在情感上接受"变革是一种机遇"的观点，才能给予它应有的关注。

所有这些都表明，当人们处于"消极"的事情中时，说服他们相信某事是"积极"的，这是极其困难的。因此，我们面临的挑战不是简单地告诉或传达给人们"变革是一种机遇"，而是在他们目光所及之处都是变革带来的威胁时，让他们相信"变革是一种机遇"。那么，该如何向那些倾向于看到或重视消极影响的员工"推销"这种理念呢？我将在下一章提供一个思路。最重要的一点，"推销"东西需要的不仅仅是沟通。为了让人们在理性和情感的层面上"接受"某件事，除了有效的沟通外，还应该采用许多策略。除非你能像马丁·路德·金（Martin Luther King）那样擅长鼓舞人心，否则，仅靠沟通不足以赢得员工的心。因此，我们还需要采取额外的策略，如可视化（形象化）、讲故事、仪式、有象征意义的行动、早期的胜利以及发展一个支持性的组织环境。

比利时联合银行

这个案例可能有助于阐明这些问题。比利时联合银行（KBC Bank）被认为是欧洲最好的银行之一。自2015年以来，该银行包揽了一系列"最佳"奖项，包括2019年《欧洲货币》（*Euromoney*）组织评选的"西欧最佳银行"。但它并非一直如此优秀。事实上，比利时联合银行在2007—2009年国际金融危机期间向比利时联邦政府申请了救助，还在2011—2012年欧元危机期间向比利时联邦政府和其所在地区的弗拉芒政府申请了救助。2012年，当约翰·泰斯（Johan Thijs）成为首席执行官时，这家银行已经濒临破产。泰斯在2012年和2016年先后进行了一系列转型，让这家银行起死回生，成为欧洲当时最好的银行之一。当被问及他如何激励员工参与这些变革时，他是这样回答的：

首先，我从不和他们谈论银行或者银行需要做什么。相反，我把他们当成普通人，当成消费者来聊天。例如，我会问我的员工：你最近买过智能手机吗？如果买过的话，你用它来做什么呢？你用它购物、搜索信息或付停车费吗？你会一直带着它，一直使用它吗？你在日常生活中使用Siri吗？一旦他们意识到科技是如何影响我们的生活、工作和购物方式的，我就会问他们，同样的事情是否会发生在人们办理银行业务上。我请他们问问自己：如果这些变化已经影响了我们生活的各个方面，为什么不会对银行业产生影响呢？如果你现在的行为已经发生变化了，为什么我们的消费者不会这样呢？这是很可怕的！员工立即意识到我们的行业将无法幸免。他们意识到像谷歌和亚马逊这样的公司会"杀"了我们。但这时，我会跳出来，为他们提供一个可能的解决方案。我们做这个或那个怎么样？例如，如果我们银行为消费者开发一个声控数字助手，并嵌入到我们银行的应用程序中，怎么样？消费者总是随身带着他们的智能手机，所以，实际上，他们也随身带着我们的声控数字助手。每次他们需要进行交易时，他们都可以通过我们的应用程序来完成。如果他们想要支付停车费、购买火车票或昂贵的电视机，他们所要做的就是与我们的应用程序对话。所有事情都能在几秒内完成。这让我的员工很兴奋！他们意识到并非只有消极影响，我们可以反击，为自己开拓未来。让员工兴奋的是，我提供给他们的不是空话或不切实际的承诺。我向他们提供看得见的产品，以及实实在在的具体行动。他们是否愿意与我们一起工作，共同开发和实施这些解决方案？当然，他们等不及要开始了！

泰斯说得很轻松，但要让人们接受一个想法是很困难的，耗时又费事。这是一个需要持续关注和不断强化的过程。它需要有效的沟通，也需要采取行动来强化我们向人们"推销"的东西，并使之逐渐被人们接受。它需要公司高层持续而明显的支持。现在，把说服人们相信"变革是一种机遇"所需要的东西，与证明"变革是一种威胁"所需要的东西进行比较，我们应该可以毫不惊讶地发现，大多数公司没有分配必要的时间和精力来做这件事，而是选择简单地向他们的员工传达"变革不仅是一种威胁，也是一种机遇"。不出所料，人们只"听到"威胁的部分，而公司最终也将重点放在"防御"威胁而不是利用变革上。

这给公司造成了巨大的损失。正如吉尔伯特所证明的那样，那些将变革视为威胁的公司最终会以失败告终。[14]在如何定位变革并将其传达给公司，前期的一点投资可以为公司节省大量的资金，并且也可以避免为公司的未来发展埋下隐患。

为持续变革创造紧迫感

以正确的方式行事

阿兰·道伊奇曼（Alan Deutschman）在他的《要么改，要么死》（Change or Die）一书中，报告了一个惊人的统计数据。在接受冠状动脉旁路移植术后，大多数人试图通过彻底改变他们的生活方式改善他们的健康状况，如更健康的饮食、戒烟或更多的锻炼，当然，这并不奇怪。然而，人们随后又会开始慢慢地恢复到原来的生活习惯，令人惊讶的是，高达90%的人在冠状动脉旁路移植术后的两年内最终都会恢复自己原来的生活方式。花点时间来理解一下。这个信息反映出两个问题。首先，改变是困难的。它是如此之难，以至于对死亡的恐惧也不足以让人们去彻底改变。其次，直接要求可以用来制造变革的紧迫感，但这种方法只会带来短暂的变革。除非我们不断地直接要求人们，否则他们会慢慢地克服最初的恐惧，恢复原本的习惯。这两项发现在商业中也同样适用。我们需要一种紧迫感来鼓励我们的公司变革，但是我们如何营造紧迫感很重要。有多种方式可以用来营造变革的紧迫感。如果我们要在转型计划中取得成功，那么选择"正确"的方式是至关重要的。

什么是"正确"的方式？上面的例子强调了一种营造紧迫感的方法，但这绝对不正确。具体来说，直接要求人们改变不是正确的方法。正如我们在这个例子中看到的，直接要求会引起人们的短期反应，但这是不可持续的。在这个例子里，产生的变化尽管是短期的，但至少朝着正确方向发展，因为人们开始戒烟、锻炼。但这不能被视为理所当然。例如，想想"燃烧的平台"这个很流行的比喻。毫无疑问，"燃烧的平台"营造出一种紧迫感，促使人们采取行动，但这种行动的本质是什么呢？人们在恐慌和不协调的情况下慌不择路，这肯定不是我们在公司中想要的那种紧迫感。同样地，如果一个公司面对图3.1的场景，你觉得这个公司什么时候会考虑采取激进的行动。答案是在更接近B点而不是A点的时候，因为那个时候有需立即采取行动的紧迫性。但同样地，B点的紧迫性会产生什么样的行动？很可能是短视的、被动的、短期的、没有经过思考的行为——就好像是有一只狮子突然袭击你，你也会这样反应。

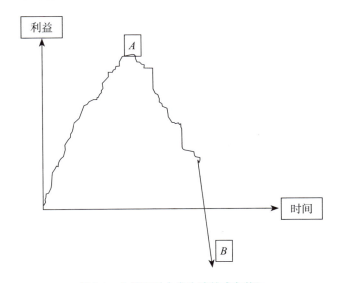

图3.1　公司何时会发生跨越式变革？

之所以我强调直接要求是一种特别糟糕的营造紧迫感的方法，是因为这已经成为许多公司营造紧迫感所采取的标准方法。例如，在2019年我对全球486位首席执行官进行的调查中，74%的首席执行官认为以下说法是正确的："要营造一种紧迫感，你必须让员工意识到变革的威胁迫在眉睫，以及公司正面临致命危险。"这表明许多人都认为，直接要求是营造紧迫感的有效方法。因此，"燃烧的平台"这个比喻很受欢迎。然而，正如我在上文所说的，没有什么比这更离谱的了。

营造变革紧迫感的正确方法

我们回到最初的问题：什么是营造变革紧迫感的正确方法？要找到答案，请先看下面这个故事。几年前，我在纽约遇到一位大银行的高层管理者。他告诉我，因为他患有一种罕见的心脏病，多年来，他的医生一直试图说服他改变自己的生活方式，但没能成功。直到有一天，他的妻子让他坐下来，用生动的语言向他描述了他们两岁的女儿在将来某一天举行婚礼的日子。她描述了他带着女儿走过红毯时是多么自豪，晚上跳舞时又是多么开心。他说这个故事对他影响很大，用他自己的话说："就好像电灯开关被打开了一样！"他内心的某种东西告诉他，他需要改变，于是他立即开始了个人改变之旅。15年过去了，他仍然在继续努力。这个简单的故事强调了心理学家多年来一直在告诉我们的事情：为了营造正确的紧迫感，并让人们为之改变，你需要让改变的需求变得积极、个人化和情感化。这包括三个要求，理解其中每个要求的含义都是很重要的。

第一个要求，使变革的需求变得积极。这不是说我们可以忽略消极的事情，只关注积极的事情。正如上一章所建议的，你需要告诉人们消极的事情，也就是不对变革做出应对的可怕后果。然而，我们不能止步于此。我们还需要告诉他们积极的事情，即如果我们对变革做出应对后将会发生的好事情。这不是一个非此即彼的选择，就像仅仅直接要求是不够的，仅仅让变革的需求变得积极也是不够的，我们需要同时做到这两点。

第二个要求，将变革的需求个人化，也就是说，将变革与对每一位员工都有价值的东西结合起来。这意味着，仅仅因为变革会使公司提高盈利能力或避免倒闭而主张变革是不够的，员工需要了解变革对他们自己有什么好处。毕竟，他们是承担变革成本的人，他们希望从中看到一些个人利益。这些好处不一定得是金钱上的，实际上，非金钱相关的个人利益更有可能激励人们进行持续的变革。

第三个要求，也是最困难的要求，使变革的需求情感化。这与使变革的需求个人化不是一回事。是的，员工更有可能在情感层面上与个人而不是非个人的变革原因建立联系，但这无法得到保证。即使是个人化的变革理由，也需要做一些工作来使其情感化。我们很容易想出一个好听的、积极的理由来说明我们需要改变，如"我们这样做是为了我们的客户"或"我们这样做是为了社会"。这些理由可能听起来不错，但关键是要把这些理由"推销"给人们，以赢得他们的情感承诺。这又让我们回到前面章节中所提到的挑战——如何在人们所看到的都是变革带来的消极影响时，让他们相信变革最终也会带来积极的事情。更重要的是，你如何让他们不仅在理性上接受，在情感上也接受这个观点？在前一章中，我建议应该花更多的时间和精力来说明变革是一种机遇而非威胁。要让人们相信应对变革会带来积极的影响绝非易事，我们还有很长的路要走。然而，我们仍然需要让员工在情感层面上接受这些积极的结果。

通过推销来赢得情感承诺是一种普遍的领导力挑战。在这一章中，我们讨论的是通过推销"变革的积极理由"来赢得员工对变革的情感承诺，但领导者还需要对许多事情进行这种推销，如公司的战略、愿景、目标、价值观等。除非员工接受并相信这些战略、愿景、目标、价值观等，否则它们毫无意义，而要让员工相信它们，就必须有人"推销"。

不用说，赢得人们的情感承诺是极其困难的。例如，假设你接受了这个论点，即需要将变革的需求个人化和情感化，并且在员工问你"为什么我们需要变革"时，你给出的理由对他们来说是与他们个人相关的。具体来说，你告诉他们："通过改变，你将为我们的下一代创造一个更美好的世界。"这是美好的、积极的、个人的——正是你想要的。但是你怎样才能让人们感受到它的情感呢？我们至少能确定一件事情，那就是如果我们只是简单地向人们传达它，那么这是不会达到我们想要的情感反应的。毕竟，我们中有多少人仅仅通过沟通或花哨的幻灯片演示就赢得了伴侣的"心"？赢得人们对变革的支持并不容易。这也许可以解释，为什么有那么多变革项目会失败。想出一个好听的、积极的理由来说明我们需要变革是很容易的。然而，有多少公司会花费时间和资源向员工"推销"这个理由，来赢得他们的理性接受和情感承诺呢？要做到这一点，我们不仅要使用鼓舞人心的演示，还要使用其他的战略。这很困难，但这是在公司中营造正确紧迫感的唯一途径。

如何赢得情感承诺

现在我们来看看问题的核心。我们知道要营造正确的紧迫感，我们需要给人们一个积极的、个人的理由——为什么他们需要改变——然后把这个理由推销给他们，以赢得他们的情感承诺。但如何做到这一点呢？具体来说，我们该如何向人们推销一个积极的（和个人化的）理由，来赢得他们的情感承诺？为了便于理解，请想象一下，你把所有员工召集起来，告诉他们，鉴于我们周围发生的变革，"我们需要改变"。对此，人们心中的主要疑问会是："为什么我们需要改变？我们通过改变能达到什么目的？"要回答"为什么需要改变"这个问题，必须满足两个关键要求。

将变革的需求个人化

告诉他们所有关于变革的消极影响，并警告他们如果我们不改变，就会造成糟糕的后果。这是必要的"威胁式"语言框架，以证明我们没有逃避现实。但正如已经指出的，我们不应该止步于此，还要用一个积极的理由来补充这个框架，说明我们为什么需要改变。关键是要确保这个积极的理由对每个员工来说都是与自己个人相关的。

这显然是一个挑战。不同的人有不同的动机，怎么能想出一个大家都觉得有意义的（积极的）理由呢？答案是找到一个"共同点"。换句话说，找一些大多数人都感兴趣或觉得有价值的东西。这具体包括哪些内容，可以参考以下的例子。

- 一家高科技公司这样向员工解释新产品需要大笔投资的原因：我们需要这样做，因为50年后，你会告诉你的孙辈"我曾在那里"。
- 一家矿业公司这样向员工解释对其安全程序进行彻底变革的必要性：我们需要这样做，因为我们希望你们每天完成工作后，晚上都能安然无恙地回到家人身边。
- 一家制药公司向员工解释为什么他们必须变得更有创新精神：你们将帮助我们让更多的人保持健康，这样他们就可以有更多的时间和家人在一起。
- 一家美国的护肤品公司向其员工解释为什么必须进行痛苦的成本削减：你将帮助我们的顾客过上正常的生活。
- 一家化学品公司向其员工解释彻底改变其环境和安全程序的必

要性：我们需要这样做，以便我们的后辈还能够享受这些湖泊和河流。

这些例子指出了一些可以作为"共同点"的内容，比如顾客、同事、家庭、社会、环境。它们可能不会让人觉得是"个人"的，但它们肯定比公司为变革提供的通常理由（如帮助公司在变革中生存或保持盈利）更加个人化。

让变革的需求情感化

给人们一些个人的目标是有用的，但这些目标极少会是情感化的。即使是听起来最动听的个人理由也不会引起情感反应，除非你用一些其他的策略来支持这个说法。如果你不相信，可以看看下面这句陈述："我们的目标是为后代创造一个更美好的世界。"这是一家欧洲跨国公司的愿景陈述。毫无疑问，这个愿景是美好的、积极的，但我们中有多少人会立即相信这是一个真诚的陈述，更不用说准备以热情和精力为实现它而奋斗？没有多少人会相信的。无论一个陈述多么美好或鼓舞人心，它本身不会引起人们的情感。因此，我们不仅需要简单地与人沟通，还需要做一些其他的事情来支持我们所说的。关于我们可以做什么，这里有一些具体的策略。

- 言行一致：很明显，我们需要用行动来支持我们所说的话。对人们来说，没有什么比看到公司高层管理者在身体力行地实践他们所宣扬的事情更有说服力了，特别是这些行为还需要花费一定成本。要做到这一点，需要大量的行动和时间，这意味着你不应该期望人们从一开始就接受。

- 可视化（形象化）：人们看到的东西比听到或读到的东西更容易唤起他们的情感。因此，你应该把你想推销给他们的东西可视化（形象化）。这表明与其简单地告诉员工"我们需要以客户为中心，因为这将使我们的客户满意"，不如给他们展示一段客户对公司的响应能力十分满意的赞扬视频。同样地，与其告诉员工"我们需要更加具有创新性，因为这将拯救人们的生命"，不如把治愈的病人带到公司中，告诉员工公司的产品如何拯救了他们的生命。

嘉信理财的前首席执行官大卫·波特拉克（David Pottruck）提供了一个例子，很好地体现出可视化的作用。1995年，嘉信理财有两个部门，分别以两档不同的价位为客户提供在线交易服务。波特拉克想把其改为提供单一价格的在线交易服务，但不知道如何说服公司。用他自己的话来说："我们已经做了相关预测，知道如果公司不改变定价，我们在市场上的领先优势很快就会消失。但这些数据不一定能说服人们或刺激到人们……为了让团队相信嘉信理财的地位并不像某些人想象的那样安全，我联系了四位客户。这四位客户写信向我说明了他们对分级定价系统的不满。我请他们与我们的领导团队会面，当面说明他们的不满。这些高收入的客户详细描述了他们认为公司是如何对他们造成伤害的，以及这个过程削弱了他们对公司的信任，这个问题变得难以忽视……这些当事人亲自讲述的故事有着极大的力量，比任何电子表格上整齐的数字都更有说服力。"[4]

- **讲故事**：故事本身和讲故事的方式都比陈述更能激发情感。因此，你应该用故事来支持你向人们推销的东西。例如，试想一下你去看医生，医生诊断你患有一种可怕的疾病。幸运的是，她告诉你有两种药物可以对抗这个疾病：药物A（服用后的有效率为90%）和药物B（服用后的有效率为30%）。假设这两种药物的费用相同，副作用也相同，你会选择哪一种？显然是药物A。现在试想一个不同的情境。你去看医生，被告知患有一种疾病，然后医生只告诉你药物A。此外，她还用一个负面的故事来补充事实信息（即药物A服用后的有效率为90%）。她告诉你，作为你的医生，她必须向你说明尽管药物A非常有效，但它并不完美。事实上，上周才给另一个病人服用过这种药物，他的情况没有得到改善。这个额外的信息，也就是有病人服用了药物A但病情没有改善的故事，是否会改变你接受药物A的可能性？换句话说，一个负面的故事是否会降低你服用这种药物的意愿？

我们大多数人都愿意相信，我们不会受到一个故事的影响，我们会根据事实做出决定。然而，在一项模拟研究中，研究人员再现了上述场景，结果，表示自己仍会服用药物A的人数下降了近56%。
在只使用了一个故事的情况下，这是一个相当惊人的降幅。完整的
研究结果如图3.2所示。在这项模拟研究中，有四种情况。第一种情
况：给病人提供药物A的事实数据和一个正面的故事。在此情况下，
88%的人选择服用药物A。第二种情况：给病人提供药物A的事实数
据和一个负面的故事，也就是在上一段文字中描述的情景。在此情
况下，愿意服用药物A的人数下降到了39%。第三种情况：患者被告
知药物B的事实数据和一个负面的故事。在此情况下，只有7%的人
选择服用药物B。第四种也是最后一种情况：患者被告知药物B的事
实数据和一个正面的故事。在此情况下，愿意服用药物B的人数猛增
到78%，仅仅因为讲了一个正面的故事，人们的服药意愿就有了相当
惊人的增长。

	负面故事	正面故事
服用药物A的 有效率为90%	39%	88%
服用药物B的 有效率为30%	7%	78%

基础比率信息

引自Angela Freymuth and George Ronan: "Modeling patient decision-making:
the role of base-rate and anecdotal information", *Journal of Clinical Psychology in
Medical Settings*, September 2004, Vol. 11, No. 3.

图3.2　故事的力量——医学领域实例

　　同样令人印象深刻的结果出现在模拟陪审团审判的情况下，陪审团必须决定当事人是否犯罪。结果如图3.3所示。当控方和辩方团队都只陈述事实时，当事人被起诉的可能性为63%。当他们都使用故事时，当事人被起诉的可能性为59%。但是，当控方使用事实而辩方使用故事时，会发生什么呢？陪审团的起诉率下降到31%。相反，当辩方使用事实而控方使用故事时，陪审团的起诉率跃升至78%。以上结果都凸显了讲故事在影响人们判断和决定方面具有非常重要的作用。

控方

	事实	故事
事实	63%	78%
故事	31%	59%

辩方

引自Nancy Pennington and Reid Hastie: "explanation-based decision-making: effects of memory structure on judgment", *Journal of Experimental Psychology: Learning, Memory and Cognition*, 1988, Vol. 14, pp. 521–533.

图3.3　故事的力量——法律领域实例

　　显然，要赢得人们的情感承诺，除了有效的沟通外，还应该使用其他策略。同样显而易见的是，这是一个耗时的过程，需要公司高层付出大量的努力和精力。如果我们把通过直接要求营造紧迫感和通过使需求情感化营造紧迫感所需要的东西比较一下，我们就会明白为什么公司更喜欢直接要求这种更容易、更快速的方法。直接要求使用起来可能更容易，但它不会像让变革的需求情感化那样有效。

影响"推销"有效性的因素

如果你成功地赢得了员工的情感承诺，使他们接受了你提出的变革理由，你便成功地在组织中创造了一种积极的紧迫感。我们已经确定了几种可以用于推销的策略，但如何推销只是决定推销有效性的因素之一。关于创新扩散理论（diffusion of innovations）的大量文献提醒我们注意其他几个因素，这些因素会影响我们能否成功地推销我们的想法。[7]具体来说，推销的有效性由五个关键因素决定（图3.4）。

- 创新或想法的卖方。有些人比其他人更擅长推销。这意味着在其他条件相同的情况下，优秀的卖方会有更高的成功概率。优秀的卖方有几个特点，比如他们的信誉，他们的真实性，以及他们在买方眼中的亲和力，也就是说，买方是否把他们视为"我们中的一员"。

- 销售发生的背景。例如，你是否在一个有利的时间点上介绍了这个想法？这个想法是否符合组织的主流规范、价值观和信仰？这个想法是否有"迫切"的需求？此外，不要忘记你最近刚经历的另一个变革过程。你是否有考虑那次变革中未实现的承诺，或相对于上次变革的成功，你是否将当前的努力放在了适当的背景下？

- 创新或想法本身。有些想法比其他的更容易实现。在其他条件相同的情况下，快速传播的想法往往与我们已经在做的事情相兼容，其复杂性低且易于测试，被视为"好"想法，因为相对于其成本，它的好处更多。此外，如果员工参与了想法和倡议的形成，如果他们觉得自己的想法被"倾听"了，并被视为解决问题过程的一部分，那么他们将更有可能接受这些想法，并致力于将其成功实施。

- 卖方是如何"推销"创新的。例如，你是否创造了一种积极的紧迫感？你是否正确地描述了变革的需求？你是否争取了盟友的帮助？你是否取得了早期的胜利以创造势头？

- 谁是创新的买方。你需要考虑谁是买方，以及他们的购买理由。你还必须针对不同买方考虑不同的策略。

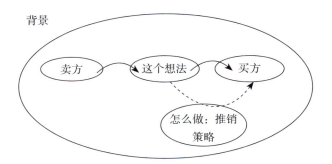

图3.4　什么决定了哪些想法会"传播"

　　这五个关键因素中的任何一个（或多个因素的组合）都可能决定你能否成功地向组织推销变革的需求。诚然，人们倾向于关注"怎么做"，并把所有的精力放在确保自己有正确的推销策略。这是错误的。这五个关键因素都很重要，只关注其中某一个关键因素可能导致严重的后果。你应该从战略的角度来考虑这五个关键因素，以便利用它们，使它们成为你的优势，从而提升你推销的有效性。

为任何颠覆性变革做好准备

如何培养敏捷性行为

200多年前，一群10岁的德国小学生被班上的老师要求解决一个看似很困难的问题：把从1到100的所有数字加起来并算出总和。我们大多数人可能会在谷歌上搜索答案。但是假设你没有谷歌，也不知道计算总和的公式，你将如何处理这个问题？在过去30年里，我把这个问题交给了数千名工商管理硕士学生和高层管理者，如果你是其中的典型代表，你可能会开始线性相加（即1+2+3+4+……），并在几分钟后沮丧地放弃。然后，你就会无所事事地坐着，等着别人给你答案，同时告诉自己"谁在乎呢"，好让自己觉得这没什么。

教室里的那群10岁孩子中，有一个孩子很快就想出了答案。他没有把数字线性相加，而是把它们成对地加起来，如下所示：1+100=101；2+99=101；3+98=101。他很快意识到，它们总共有50对，每对加起来都是101。于是他想到了解题答案：50×101=5 050。那个小孩后来成了德国（乃至全世界）最伟大的数学家之一，他就是卡尔·弗里德里希·高斯（Carl Friedrich Gauss）。

是什么促使高斯创新？

显而易见，高斯是以一种创造性的方式来处理这个问题的。但他为什么这么有创造力呢？是因为我们要求他跳出框架来思考问题，或者创造性地思考问题吗？显然不是！是因为我们要求他创新吗？当然也不是！那么，是什么促使他创新的呢？要回答这个问题，我们需要将其他人处理这个问题的方式与高斯的处理方式进行比较。

其他学生所做的是将这些数字线性相加。当这种方法不起作用时，他们的反应是（沮丧地）："这个问题太难了，在规定时间内解决不了。"和其他人一样，高斯试图通过线性相加来解决这个问题。然而，当这种方法无法得出答案时，他的反应是："这个问题太难了，在这么短的时间内无法解决。"于是他立刻问："也许有别的办法？"这反过来又促使他开始探索其他可能的方法来解决这个问题。最后，他很幸运，想出了另一个办法。这并不意味着每当你开始寻找解决问题的替代方法时，你都会如意。你可能会找到，也可能找不到。但是通过开始寻找，你至少给了自己一个找到解决方案的机会。相比之下，第一组学生（高斯以外的其他学生）永远不会想出一个解决方案，因为他们放弃了尝试。

我们可以从这个例子中学到很多东西。首先，请注意为什么第一组学生放弃尝试解决问题。他们这样做是因为他们将问题归于外因，在这个过程中，他们相信自己对所有阻碍他们解决问题的障碍都无能为力。换句话说，如果你问他们为什么不能解决这个问题，他们会回答"因为这个问题太难了"或者"我没有得到足够的资源来解决它"或者"老板从来没有给我一个值得我这么做的理由"。由于他们无法改变其中任何一个障碍，比如问题本身，或可用的资源，或他们的老板，因此他们便觉得自己失去了解决问题的所有希望，最终就放弃了。这使他们永远不会找到答案。与此同时，高斯并没有将问题归于外因。他把无法解决问题的原因归咎于自己所采取的方法。这令人如释重负，因为你采用的方法是由你直接控制的。你能对此做些什么吗？当然可以了。你可以尝试使用其他的方法。这正是高斯所做的，而且这让他找到了答案。

这是很重要的一点，我们下一章会再次谈及。具体来说，我们将探索如何让我们的员工专注于他们可以改变的事情，而不是通过抱怨组织的文化、流程或（缺乏）激励而将问题归于外因。但在本章中，我想用高斯的例子来说明另一个关键问题：高斯不是因为我们要求他创新才去那么做，也不是因为我们要求他跳出框架思考，或要求他有创造力。他之所以创新，是因为对自己采用的方法产生了质疑。这意味着创新不是我们可以要求人们做的事情，而是"其他东西"的副产品。在这个例子里，"其他东西"是指对我们所采取的方法保持积极的质疑。如果我们组织中的每个人都能持续地质疑我们的方法，那么创新很可能会随之而来。只是要求人们创新或"跳出框架思考"是行不通的。

质疑我们的方法论并不是产生创新的唯一方法，还有其他的行为可以激发创新。例如，超越当前公司业务或行业的狭隘范围，从其他人和组织那里获得想法也是创新的一个重要来源。另一个产生创新的行为是实验和尝试，并且不惧怕失败。一个典型的例子是辉瑞制药的研究人员在探索心血管疾病的治疗方法时意外研制出了能够有效治疗勃起功能障碍的药物。其他已知可产生创新的行为包括协作与跨筒仓工作；对问题的责任感和主人翁意识；对业务进行战略性思考，而非只关注自身职能；与客户和非客户都密切合作，为他们的问题找到解决方案，或发现新的需求。

综上所述，有许多行为可以产生创新，它们与创新的联系是众所周知的，并已被研究证实（图4.1）。但需要注意的关键问题是创新是这些行为的副产品。这意味着如果组织中的每一位员工都能持续地坚持这些行为，那么创新就会随之而来。因此，与其要求人们创新，不如要求（并且鼓励）他们每天都坚持这些行为。

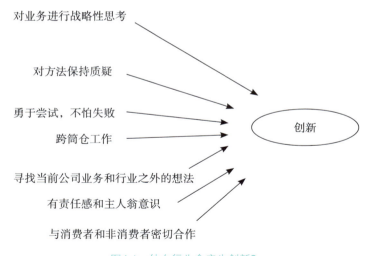

图4.1　什么行为会产生创新？

创新不是我们可以要求人们做的事情，但是如果我们公司的每个人都持续以某种方式行事，就会产生创新，这一原则对于敏捷也同样适用。明确这一点很重要，因为在组织中营造了积极的紧迫感之后，为组织持续转型做好准备的下一个步骤就是使组织足够敏捷，以便及时发现任何影响我们发展的变革，并做出应对。我们如何让组织变得敏捷呢？参考我们上文中所讨论的内容，答案应该很简单——我们不能要求员工变得敏捷，而是应该鼓励组织中的每个人持续地坚持一些行为，从而实现敏捷。与创新一样，敏捷不是我们可以要求人们做的事情，而是"其他事物"的副产品。具体来说，"其他事物"指的就是让我们变得敏捷的日常行为。这自然而然引出两个问题：与敏捷相关的行为是什么？我们如何让组织中的每个人都采取这些行为？

什么行为导致敏捷？

要做到敏捷，公司必须善于在变革发展成为对自身的巨大威胁或被其他人利用的机遇之前尽早发现它。这意味着我们希望在组织中鼓励的第一种行为，是让每一个员工都参与到对他们所在环境的持续监测中。正如丹麦Lan & Spar银行的前首席执行官彼得·休（Peter Schou）曾经告诉我的那样："我是如何在行业发生的所有变革中都快人一步？我聘用了几百个员工，他们的工作就是让我了解他们周围发生的变化。"

对大多数组织来说，这将是一个剧变。[3]作为战略评估过程的一部分，对组织环境的监测不再由少数员工以自上而下的、每年一次的方式进行，而转变为由组织中的每个人持续地进行。这就意味着企业不再依靠少数人来决定收集和分析哪些信息是重要的，而是需要转向一种分散的、自下而上的、众包的过程。这些信息将通过先进的管理系统和人工智能进行持续的收集（而不是一年一次）。

除了从外部来源收集信息和情报外，组织还应该雇用其内部人员来提供见解和相关信息。关于外部环境的知识往往存在于公司内部，管理者和员工是商业局面的长期观察者。因此，组织应设置流程，以系统性、结构化的方式收集关于外部环境的数据、信息和意见，不仅要从外部人员那里收集，还要从内部人员（包括管理者和员工）中收集。更重要的是，这应该在系统性和持续性的基础上进行，而不是作为一种一次性的活动。

每个人对环境的持续监测只是迈向敏捷的第一步。如果不能快速、正确地处理所收集的信息，以制订可操作的计划，那么这些信息就毫无用处。理想情况下，我们希望组织中的每个人都以同样的分散（去中心化）方式进行监测。没有什么比每位员工都对出现的问题负责，并迅速采取行动解决这些问题更好的了。另一种选择——将信息发送到高层，等待高层做出决定并传达给组织的其他成员，然后再采取行动——则与敏捷的本质完全相反。海尔集团对于新冠肺炎疫情的快速反应就是一个很好的例子。在疫情开始后的两个月后，即到2020年2月底，海尔公司的所有工厂便已恢复到可满负荷运营的状态。一个很大的原因是它分散的（去中心化的）组织结构给了一线管理者很大的自主权，他们可以根据专业知识和最新信息调整自己的供应链。

正如这个例子所示，给予一线员工自主权，让他们决定可以应对哪些变革以及如何应对，是提高组织敏捷性的有效途径。然而，这存在一个隐患。如果组织中的每个人都按照自己认为合适的方式去做，很有可能会导致混乱和灾难。那么，我们怎样才能在不担心局面失控的情况下给予员工自主权，或者说，我们如何才能在给予员工自主权的同时，能够相信每一位员工的行动都在朝着同一个目标努力？

在这个问题上，世界各地的父母其实都面临着类似的挑战，特别是在孩子的青少年时期。作为父母，我们如何给孩子自主权，让他们在没有父母监督的情况下与朋友玩耍？我们又如何确保他们不会滥用这些自由和自主权，比如在我们不在的情况下去做一些愚蠢的事情？方法当然是通过制定一些明确的参数（界限），规定他们可以做什么，不能做什么。只要他们的计划在这些参数范围内，他们就可以自主地做出决定，而不需要问我们。然而，如果计划超出了这些参数范围，他们就必须征求我们的同意。

组织内部也应该使用同样的原则。当员工面对变革，需要判断究竟是由他们自己负责应对，还是应该将变革报告给高层管理者做进一步的检查和分析时，这些参数应该作为他们的指南。在这些参数范围内的决定和行动，他们可以自主决策并实施；在这些参数范围外的所有行动，则需要先得到组织高层的批准。例如，为了应对外部竞争对手的举措，员工决定要更密切地关注自己的客户并为他们提供更好的服务，这应该是每个员工可以自行决定的事情，不需要征求许可。关于改变公司的商业模式或在核心业务的商业模式之外开发另一个商业模式的决策，则不属于这个范围。

当然，这就提出了一个问题——这些指导人们决定和行动的参数是什么？同样，我们还是可以从如何教育孩子中得到启发。在家里，我们使用两种参数。第一种，我们教给孩子价值观，告诉他们什么是对的，什么是错的。第二种，我们制定一些规则和规定，告知他们什么可以做，什么不能做。这些参数在组织中也同样适用（我们将在第06章详细讨论这一点）。组织的价值观可以告知人们什么是正确的事情；组织所做出并且已经传达给员工的明确战略选择，可以帮助他们决定什么能做，什么不能做。这听起来很简单，但要使价值观发挥作用，需要得到员工的认同。可悲的是，大多数公司都没有像我们对待孩子那样，向员工"推销"自己的价值观，以获得他们的认同。最终，这些价值观没能成为指导员工日常行为的灯塔，而只是公司墙上的、无人理会的、标语口号式的装饰。更糟糕的是，大多数公司都未能在困难的情况下做出正确的战略选择，或者即使他们做出了选择，也没能向员工阐释清楚这些选择。因此，许多战略对于应该被其指导的人也就是员工来说，仍然是个谜。我们将在第06章中继续讨论这个问题，届时我们还将探索如何制定一个清晰的战略并将其有效地传达给组织。

敏捷性的更多行为

在决定了哪些类型的问题或变革应该报告给高层管理者，哪些类型的变革他们可以自己处理之后，员工需要迅速行动起来，解决属于他们责任范围内的问题。问题是，要如何应对所发现的趋势、变化和变革，这一点经常是不够清楚、明晰的。除非我们找到一种方法来快速评估一个想法是否值得实施，否则就会导致分析困难，即一直犹豫不决而无法采取行动。做到这一点的最好方法是实验法。只要这些实验是小规模的、低成本的，实验法就能提高我们的应对速度，而且有助于我们在这个过程中学习新的东西。实验法的指导原则是"早失败，常失败"，以快速评估一个想法并向前推进。

荷兰的交通工程师汉斯·蒙德曼（Hans Monderman）提供了一个很好的例子。他彻底改变了我们对道路设计和安全的看法。想象一下，城市里如果有一条道路或一个十字路口经常发生事故，你会怎么改善司机的驾驶行为并减少事故发生？面对这样的任务，大多数人会立即想到要设置更多的交通信号灯、交通标志牌，或安排更多的警察来监控该区域。蒙德曼的想法却并非如此。他提出了"裸露的街道"的概念，其理念是移除所有本该使道路安全的东西，如交通信号灯、道路标记和道路标志等，会使道路更加安全。取而代之的是，他建议引入一个让行人和司机"共享"的开放平整的空间。他对于这个空间的具体设想还包括：用艺术来指示交通流量，例如，喷泉的高度可以用来指示一个十字路口的拥挤程度；使用不同的纹理和颜色来表示人行道，而不是凸起的路缘石；使用灯光来照亮车行道和人行道；将咖啡馆延伸到街道边缘，进一步加强共享空间的概念；取消所有街道标志，鼓励大家通过人与人之间的互动接触和眼神交流来协商路权。

二十多年来，他孜孜不倦地为这种"裸露的街道"据理力争，认为它比充满标志和标记的道路更安全。他经常抱怨说，西方世界的道路设计是基于这样一个（错误的）理念之上的：驾驶和步行是完全不相容的交通方式，两者应该尽可能地被隔离开来。这导致我们的交通工程师设计出宽阔的道路，将居民区切割成块，将邻里隔开，限定了行人的活动范围，并破坏了城市环境的人文尺度。激增的路标成了展示交通规则的主要方式。蒙德曼认为这种做法适得其反，并且主张改变当前政策。想想他提出的想法，如果你是他的老板，你会有什么反应？很难想象有谁会不认为这些想法是疯狂的。不出所料，他的论点被置若罔闻，他的想法也遭到了同行工程师的抵制。

为了证明他的想法，他进行了一系列的实验，通过使道路变窄和取消交通信号灯和交通标志牌重新构造道路。在一个著名的实验中，他重新设计了荷兰德拉赫滕镇的一个环岛，他撤下了所有的交通标志，撤销了路缘，并安装了艺术设施，结果是交通事故几乎消失了。在佛罗里达州西棕榈滩的另一个实验中，道路变得更小、更窄。结果，车流通过的速度大大减缓，人们觉得在那里走路很安全，这导致了行人流量的增加，吸引了新的商店和公寓楼，使当地的房产价值翻了一番。诸如此类的成功，扭转了公众对蒙德曼的看法。起初，他被诋毁为一个危险的特立独行者，但很快他就成为一位交通工程领域的"先驱者"。在他的家乡弗里斯兰省，以及格罗宁根省和德伦特省，政府已经引入了100多个共享空间计划，他的想法已经在几个欧洲国家以及美国、加拿大、南非、澳大利亚、日本和巴西实施。

我们很容易被这些想法所影响，而无法理性思考，但我们不要忘记，蒙德曼的所有想法都是由一个潜在的强烈信念驱动的，即交通工程师用来影响司机行为的传统工具（如交通信号灯、路标和道路标记）不仅无效，而且完全危险。他坚信，道路标志会使驾驶者陷入一种虚假的安全感，并消除驾驶者的所有个人责任感。正如他所说的那样："你不能指望交通信号灯和道路标志来鼓励人们正确的作为，你必须把它纳入道路的设计中。"⁵

毫无疑问，要求和鼓励一线员工参与实验将提高我们应对变革的敏捷性。这能让我们快速检验一个想法是否可行。我们可以收集数据，用来向组织说明这个想法的吸引力，而不用再通过无休止的辩论和争吵，去说服组织的其他成员。最终，我们可以从中学到一些新的、未曾设想的应对措施，以及如何改进它。如果组织内的员工步调一致，这种学习的效果将大大增强。实现这个目标的方法就是鼓励跨职能和跨地域的合作和交流。因此，跨筒仓工作是另一种可以帮助我们变得更加敏捷的行为。

总之，有许多与敏捷相关的日常行为（参见图4.2）。重要的是让组织中的每个人都采取这些行为。但这说起来容易做起来难，这也是我们接下来要讨论的话题。

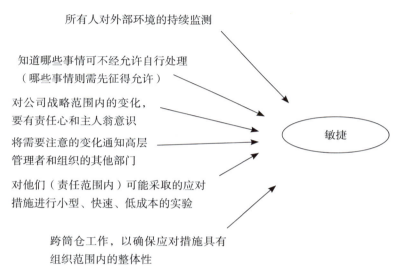

所有人对外部环境的持续监测

知道哪些事情可不经允许自行处理
（哪些事情则需先征得允许）

对公司战略范围内的变化，
要有责任心和主人翁意识

将需要注意的变化通知高层
管理者和组织的其他部门

对他们（责任范围内）可能采取的应对
措施进行小型、快速、低成本的实验

跨筒仓工作，以确保应对措施具有
组织范围内的整体性

敏捷

图4.2　可以实现敏捷的行为

如何让每个人都有这些行为

明确我们希望员工在组织中有哪些行为是一回事，而实现它又是另一回事。实际上，有证据表明，员工的行为很少像我们刚才描述的那么好。即使我们清楚地向他们传达了我们希望他们如何做，他们也不会那么做。

关于"人们知道自己应该做什么却不去做"这个问题，没有比下面这件事更好的例子了。2008年5月30日，美国康涅狄格州哈特福德市的监控摄像拍下了一起可怕的肇事逃逸事件。视频显示，78岁的安赫尔·阿尔塞·托雷斯（Angel Arce Torres）在过双行道时被一辆超速行驶的本田汽车撞倒。令人难以置信的是，他一动不动地躺在街上，却没有人冲过去帮助他，甚至没有人阻拦车辆。几辆车从他身边驶过，没有停下来，人行道上有几个人盯着这边看。几个人走近托雷斯，但大多数人都在原地没有动，直到一辆警察巡逻车因为另一宗呼叫而经过现场。这一事件在媒体上引起了强烈反响，报道援引哈特福德警察局长的话说，路人的不作为表明这个国家已经失去了道德的指引。警察局长达里尔·罗伯茨（Daryl Roberts）说："最终，我们必须审视自己，并认识到我们的道德观已经改变了。我们不再关心其他人。"

值得注意的是，警方将这个事件归咎于我们"改变了"的道德观，就好像50年前不可能发生这样的事件一样（大概因为那时人们的道德价值观更强）。然而，类似的事件在50多年前也上演过。事情发生在1964年的美国纽约市，受害者是一位名叫基蒂·吉诺维斯（Kitty Genovese）的29岁女性。

1964年3月13日深夜，酒吧经理吉诺维斯结束工作后开车回家。她把车停在公寓大楼后面，就在离公寓门约30米的地方。当她走回公寓时，她被一名男子袭击，后背被捅了两刀。几个（正在睡觉的）邻居听到了她的呼救声，其中还有人对那个男人喊"别碰那个女孩"。袭击者逃跑后，吉诺维斯艰难地慢慢走到公寓大楼的后门，她在那里倒下了。袭击者在10分钟后返回，发现她躺在大楼后面的走廊里，受伤严重。因为后门锁住了，她无法进入大楼。接着，他动手杀死了她。

这场谋杀案引起了轰动，因为《纽约时报》（New York Times）于事件发生两周后发表了一篇文章，声称多人都听到或目击了袭击，但没有人采取任何行动去帮助受害者。根据《纽约时报》的报道，有37人目睹了这起谋杀，但却什么都没做。警方后来透露，这一数字很可能是12人，并且没有人了解事件整个过程。许多人声称他们听到了哭声，但并不知道正在发生一场凶杀案。虽然最初的说法可能不准确（并没有很多人目睹了这起谋杀且选择袖手旁观），但事实是，听到哭声的人里，确实没有人报警，也没有人下楼去查看或提供帮助。

可以说，这是两个极端的例子，但它们凸显的问题在组织中非常普遍：人们知道自己该做什么事情，但并不去做。例如，我们认为员工应该持续监测外部环境，并能够决定哪些事情应该上报，哪些事情应该自行处理。这听上去很好，但有多少人真正能够做到呢？并不多。我们认为员工应该有主人翁意识，应该勇于承担相关问题的责任。这听上去很好，但有多少人会这么做呢？是的，你猜对了，答案还是没有多少人。例如，关于在线社区的学术研究报告称，近90%的社区成员有"社会惰化"的倾向，也就是说，他们认为"其他人会这么做"，自己就不去做了。上述事例并非是独一无二的。大量证据表明，人们知道自己应该做的事情，却没有去做，这种现象被称为"知行差距"。

潜在的组织环境是关键

要如何解释这个问题：尽管我们都知道正确的做法是去救人，但为什么没有人去救托雷斯或吉诺维斯？如上所述，一些人将矛头指向我们社会中道德观的腐化。还有人声称，我们的文化应该受到指责，因为它鼓励个人主义行为和对个人利益的追求，而很少关注公共利益。但也有人认为，问题在于我们都面临着时间的压力，而这种压力会改变我们的优先次序。甚至连潜在的激励措施有时也难辞其咎。有些人认为，我们没有停下来帮忙，可能是因为我们害怕这样做会惹上麻烦。毕竟，我们都听说过类似的案例：一个男人冲进着火的房子里救出一个女人，结果被那个女人告上法庭，因为他在把女人从房子里救出来的时候伤到了她的脊柱。

有三个关键的点需要注意。第一点，导致这些行为的不是知识，而是其他因素的集合。换句话说，人们之所以没有急于帮助托雷斯或吉诺维斯，不是因为他们不知道自己应该这样做。他们知道自己应该去帮忙，但由于一些其他因素的介入，最终阻止了他们去救人。在我们的组织内部也是如此。如果我们的员工没有遵循上述与敏捷性相关的好的行为，原因不是他们不知道自己应该这样做。他们知道，但组织内部的一些因素阻止他们这样做。这意味着要纠正不理想的行为，我们必须首先改变产生这些行为的潜在因素。如果潜在因素不支持我们的要求，那么告诉人们该怎么做是没有意义的。如果不能"纠正"潜在因素，那么无论我们制定了多少规章制度，无论我们如何改变那些首先产生了行为失当的员工，都会导致我们组织一再出现同样的行为失当。许多学术研究都支持这一观点。例如，我们在社会心理学领域有几项著名的实验，如斯坦福监狱实验、米尔格拉姆的电击实验，都表明这些潜在因素的集合对人们行为的影响比自身的性格特点或道德观的影响更大。

第二点，导致行为失当的因素有多个，比如激励机制、时间压力、潜在的道德观、群体思维、责任扩散、对过度责任感的恐惧等。激励机制很重要，但只是众多因素之一。指出这一点很重要，因为经济学家一直认为激励机制是驱动人类行为的主要因素，并且用激励机制来解释各种行为，包括学校考试中以及足球守门员面对点球时所采取的舞弊行为。毫无疑问，激励机制很重要，但它们不是驱动行为的唯一因素，甚至它是否属于最重要的因素这一点也尚有疑问。这意味着，仅仅改变激励机制不足以改变人们的行为方式。我们如果要改变这些因素所产生的行为，就必须对所有的潜在因素，或者至少是其中的多数因素都施加影响。

第三点，也是最后需要注意的一点，所有这些因素都是相互关联的。这点很重要，因为它意味着，如果我们试图解决其中一个问题，我们可能会引起另一个问题的变化，从而产生一系列意想不到的后果，这将使问题更加严重。不幸的是，这个问题在组织中总是出现，因为我们有一种通过线性思维解决问题的倾向。一旦出现问题，我们就寻找最明显的原因，并解决这些问题。这几乎是行不通的，因为我们的行动会影响其他不太明显的因素，这就会产生一系列意想不到的后果。找出问题最明显的根源并不是解决之道。如果要解决问题，我们不能再以线性方式思考问题，而要从问题最直接和最明显的根源以外寻找解决办法。

正如上文已经论证的，就是这些相互联系、相互关联的因素的集合导致了行为的发生，接下来的问题是，我们该如何给这些因素的集合一个恰当的称谓。在社会心理学领域，它们被称为人们所处于的一种潜在的"情形"或"情境"。在系统动力学领域，它们被称为"系统的底层结构"。在本书中，我将它们称为潜在的"组织环境"。

我们在组织中观察到的所有行为主要是由潜在的组织环境造成的，充分理解这一点是管理学中最深刻的原则之一。这听上去虽然简单，但我们往往不愿意将其应用于我们对员工的管理中。因此，一旦出了问题，我们就让员工来承担责任。我们有这样一种固有的信念：如果有人做错了事，这个人就需要为此受到惩罚，而对于鼓励这个人采取不当行为的潜在组织环境，我们却很少去纠正。例如，电影《监守自盗》（*Inside Job*）的导演查尔斯·弗格森（Charles Ferguson）在接受2010年奥斯卡最佳纪录片奖颁奖时，发表了这样的言论："在由大规模欺诈造成的可怕的国际金融危机过去三年后，没有一个金融高层管理者入狱。" 这位导演所说的就是一个十分典型的例子，我们指责人们的不良行为，却不去关注导致这些不良行为的根本（潜在）原因。可悲的是，如果根本原因得不到纠正，无论你惩罚了多少人或惩罚得多么严厉，同样的不良行为还是会一次又一次地出现。同样的偏见也体现在我们试图通过清除"坏家伙"并用"更好"的员工取代他们，来改善组织中的行为。这几乎总是失败。新替换的员工有多"好"并不重要。如果你把他们放在同样的组织环境中，你很快就会从他们身上发现那些与"坏"员工一样的不良行为。

现在来谈谈本章的核心问题——如何让我们组织中的每一位员工都能采取我们之前提到的与敏捷性相关的优秀行为？答案应该是显而易见的。要让我们的员工有这样的行为，唯一的办法就是在他们周围创造一个支持和促进这些行为的组织环境。如果现有的组织环境不能产生期望的行为，我们就需要改变它。这样的任务听起来似乎很艰巨，但正如杰伊·弗雷斯特（Jay Forrester）所言："所有的（社会系统）似乎都有一些敏感的影响点，通过这些影响点可以改变系统的行为。"我们将在下一章中探讨这个话题。

打造支持敏捷的组织环境

到目前为止，我们已经将组织环境定义为决定人们在该环境中的行为方式的一系列相互关联的因素的集合。如果能对这些因素有更加具体的了解，这将会对我们更有帮助。显然，构成组织环境的因素有很多，但我们在这里要考虑的主要因素有四个：第一个是组织中存在的文化，包括其规范、价值观和不容置疑的假设；第二个是组织的结构和流程，包括其正式的等级制度，以及其物理设置和系统（信息、招聘、市场研究等）；第三个是组织中积极或消极的激励措施，包括货币和非货币激励措施；第四个是我们雇用的员工，他们有着自己的心态、态度和假设。正是这四个要素的结合创造了潜在的组织环境，而组织环境又产生了创造或解决问题的行为，如图4.3所示。

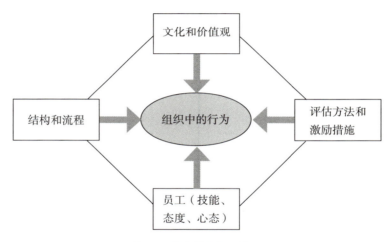

图4.3　什么是组织环境？

关于组织环境如何决定人们的行为方式，来自瑞典的音乐和视频流媒体公司声破天（Spotify）提供了一个很好的例子。[14]该公司采用了一种独特的组织结构，由多个不超过8人的自治单元组成。这些自治单元被称为"小队"（squads），根据其所从事的产品或技术类型，这些小队又被编入更大的、被称为"部落"（tribes）的单元。部落之间通过"分会"（chapters）连接，分会就像各小队的企业中心。每个分会都有一位正式的领导，他同时也是小队的成员，其主要作用是充当分队的"教练"。每一位小队成员可以在保持正式部落负责人不变的情况下更换小队。这种基于小队的小规模设置鼓励快速决策以及面对面的互动和人际关系，因此，它创造的文化是友好的和支持性的。毫不奇怪，在这样的环境中，协作和敏捷的行为将更有可能被广泛传播并为所有员工所遵循。

另一个例子是法国勒克莱克集团（E.Leclerc），按市场份额计算，它是法国最大的食品零售商，每年收入达380亿欧元。如果要经营一家超市，其实很难使其与众不同，但勒克莱克建立了一个独特的组织环境，能让员工在成为大公司的一部分的同时，还能成为敏捷的创业者。勒克莱克的组织环境能够促进与敏捷、创新和创业精神相关的行为，其组织结构是其组织环境的第一个要素。勒克莱克集团不是一个简单的公司，而是一个创业者联盟，每个人都能拥有自己的店面。只要他们遵守一定的规范和条例，例如他们的商店必须是其所在地区最便宜的商店，以及他们不能拥有超过两家店面等，他们就被允许以勒克莱克的名义进行商业活动。每个商店对其事务享有完全的自主权，但他们也会与位于巴黎的总部办公室协调，利用集团的区域仓库来购买大宗商品。他们可以依靠集团的集中采购部门来进行价格谈判和选择供应商。勒克莱克的组织环境还能够激发员工的主动性和保护员工的心理安全，这种企业文化是其组织环境的第二个要素。勒克莱克拥有一种强大的家庭文化，其中的每个人都会被公开、平等地对待。店主通过参加每月的区域会议和频繁的全国性会议，在会议上交流信息并做出关键的战略决策，从而为组织的运行做出贡献。这种文化是由这样一个事实维持的：勒克莱克的新店总是由现有的勒克莱克员工创办的，他们得到了现有勒克莱克店主的财政支持和担保。

勒克莱克的组织环境中还有很多构成因素。例如，该组织被一个共同的、深入人心的愿景所团结，即该公司不仅是在销售食品，还在改变法国社会、纠正社会体系中的不公平。该公司的激励制度也很特别，每位店主必须在年底将商店利润的25%分配给员工。总之，我想传达的信息是，正是所有这些东西的组合构成了组织环境，而这种环境又在很大程度上决定了人们的日常行为。这表明要想获得我在本章开头提到的敏捷性行为，我们必须首先打造一个支持这些行为的组织环境。这就提出了一个问题——如何才能建立这样一个支持性的组织环境？我们将在下一章中讨论这个问题。

05

以分散的方式建立一个支持性的组织环境

如上一章所述，创建支持和促进敏捷行为的组织环境，不一定要以集中化的方式完成，也不一定要由高层管理者独自承担。分散在组织各处的管理人员和团队领导可以通过一些有针对性的小行动，来实现组织环境的重大改变。这些在高层管理者设定的规定范围内进行的分散的行动，可能会引发无数的星星之火，然后发展为改变整个公司组织环境的燎原之势。

要理解这一点，不妨先看看大卫·肯尼迪（David Kennedy）的故事。你可能从未听说过他，他是一位先锋和激进的思想家，并正在彻底改变我们解决城市中心区毒品问题的方式。肯尼迪没有犯罪学学位，也没有研究过犯罪预防，他在斯沃斯莫尔学院学习的是哲学，听起来，他确实不太可能成为一个处理毒品方面事宜的人选。然而，他却提出了持续可行的且性价比高的战略，来帮助解决城市中心区的毒品问题。他的总体思路是什么？很简单，如果没有当地社区的帮助，你就无法解决这个问题。要得到当地社区的帮忙，你必须赢得他们的信任。为了做到这一点，你必须通过行动（和时间）向他们证明，你真的想帮助他们，而且你是真心为他们着想的。因此，与其为了抓人而抓人，不如帮助年轻的毒贩摆脱毒品的困扰。

2004年，在北卡罗来纳州高点市的一项实验中，肯尼迪让警察逮捕了年轻的毒贩，并向其展示了他们交易毒品的视频。警察告诉他们，警方已经准备好了针对他们的起诉。但是，警方没有进行起诉，而是让这些年轻毒贩回家了。然后，警察与毒贩的家人合作，帮助这些年轻的毒贩获得培训和新工作。这一信息迅速传遍了整个社区，即警察并不是为了抓人。相反，警察真的想通过给年轻人第二次机会来帮助他们，但如果他们不抓住这个机会，警察就会严厉处理了。随着时间的推移，警察赢得了当地社区的信任与合作。孩子们自己开始主动指认本地的大毒贩，并最终帮助警方抓捕了大毒贩。据《新闻周刊》（Newsweek）报道："四年后，高点市的警察已经把毒贩从各街角清除干净了。他们将这一数字与四年前进行了比较，发现目标地区的暴力犯罪下降了57%。"

肯尼迪的策略现在被美国各地的警察部门采用。尽管这一策略并非没有批评者，有人认为这是对罪犯的"软弱"，但全国各地的警察部门都报告说，他的"好警察"方法取得了令人印象深刻的成果。这个故事强调了我在这一章中想说的一个关键点：小的改变可以产生大的影响。肯尼迪所做的事情既不激进也不具有革命性。它不需要巨大投资或大量资源。这是一件可以快速完成的事情，而且只需要很少的人，甚至一个人就可以。然而，看看它带来的巨大影响吧！理查德·泰勒（Richard Thaler）和卡斯·桑斯坦（Cass Sunstein）的《助推》（Nudge）一书中有项广为流传的原则——我们可以用分散的（去中心化的）方式来创建一个支持和促进敏捷行为的组织环境，这也是我将在本章中用到的一项原则。

小变革，大影响

大卫·肯尼迪的故事并不是个例。有许多例子证明了这一原则，即小的改变可以产生大的影响。[4]例如，每年有成千上万的需要进行器官移植的病人在等待合适的器官期间死亡。因此，对许多病人来说，鼓励他们死后捐献器官是一个关乎他人生死的问题。一些国家在这方面做得比其他国家好。根据1993年的盖洛普民意调查，28%的美国人通过签署捐赠卡的方式表示同意。[5]如表5.1所示，这一比例远高于丹麦、德国、英国等国家，但远低于奥地利、法国、匈牙利等国家。[6]

表5.1 每个国家器官捐赠者的百分比

国家	有效的同意率（%）
丹麦	4.2
德国	12
英国	17.2
荷兰	27.5
瑞典	86
比利时	98
波兰	99.5
葡萄牙	99.6
匈牙利	100
法国	100
奥地利	100

　　看到这些统计数据，我们自然而然会产生一个疑问：为什么像奥地利和法国这样的国家的本国人民的器官捐赠意愿要比丹麦和德国这样的国家高这么多？很难看出文化或宗教在其中扮演了什么角色，因为在这些维度上非常相似的国家（如德国和奥地利，或丹麦和瑞典）在器官捐赠方面有截然不同的表现。我们也很难用人口因素（如人均收入、教育水平或预期寿命）来解释，因为上面列出的欧洲国家在这些方面差别不大。

　　事实证明，这些巨大差异背后的原因非常简单。在同意率低的国家，人们被要求填写一张表格，上面写着："如果你想参加捐赠计划，请勾选方框。"在同意度高的国家，要求略有不同："如果你不想参加这个捐赠计划，请勾选方框。"在以上两种情况中，大多数人通常都不会勾选方框。但在第一种情况下，这意味着他们不会成为捐赠者，而在第二种情况下，则意味着他们选择成为捐赠者。

　　这个例子显然表明，问题的设计对我们的选择产生了巨大的影响，这也是《助推》一书中提出的观点。但更重要的是，它表明，微小的差异可能对结果有很大的影响。另一个例子是，想想我们在别人陪伴就餐时的食量变化。你猜结果如何？如果你和其他人一起吃饭，你会比单独吃饭时吃得更多还是更少？从表面上看，你会觉得差别不大，毕竟，无论你是否单独吃饭，你的饥饿感都应该通过同样的食物摄入量来满足。然而，请看表5.2。

表5.2　和你一起吃饭的人越多，你吃的食物就越多

有多少人和你一起吃饭	你多吃了多少食物（相较于独自吃）
1	超过 33%
2	47%
3	58%
4	69%
5	70%
6	72%
7	96%

　　不仅有人陪伴时我们会吃得更多，和我们一起吃饭的人选也会对我们的食物摄入量产生巨大影响。例如，女性在与男性一起吃饭时往往比与其他女性一起吃饭时吃得更多，而我们在与配偶、家人或朋友一起吃饭时，也往往会比其他情况下吃得更多。[8]

蝴蝶效应[9]

　　这两个例子都强调了一个基本原则，这也是本章的核心：当前环境或我们行为方式中的微小的或看似微不足道的变化，可能会对人们的行为或行为方式产生重大影响。

　　这并不是一项新提出的原则。1961年，麻省理工学院一位名叫爱德华·洛伦兹（Edward Lorenz）的气象学家构建了一个数学模型，

包含12个微分方程组，用来预测天气模式。某一天，他想重新检查他模型里的一连串数据，为了节省时间，他手动将打印出来的上一次预测的数据结果输入到模型中。令他惊讶的是，第二次运行的结果与前一次运行的结果大不相同。经过进一步检查，他发现自己刚才输入的数据只精确到了小数点后3位，而上一次运行使用的虽然是相同的数据，但是却精确到了小数点后6位。这个初始条件的微小差异产生了完全不同的结果。这些观察结果最终促使他提出了我们现在所说的"蝴蝶效应"——这一术语来自洛伦兹在1972年发表的一篇学术论文，题为"可预测性：巴西的蝴蝶扇动翅膀是否会引发得克萨斯州的龙卷风？"

蝴蝶效应已被用来解释社会中的许多重大变化。例如，马尔科姆·格拉德威尔（Malcolm Gladwell）在其《引爆点》（*The Tipping Point*）这一优秀著作中描述了威廉·布拉顿（William Bratton）的故事。布拉顿在1990—1994年担任纽约交通管理局的警察部门负责人，随后在1994—1996年担任纽约警察局局长。书中讲述了他是如何通过执法上的一些（看似）微小的变化，例如打击地铁上的逃票行为，或对那些在公共场所酗酒和随地小便的人进行处理，从而大幅降低了纽约市的犯罪率。同样地，泰勒桑斯坦在其《助推》（*Nudge*）一书中也描述了几个关于小变化产生巨大影响的例子。例如，阿姆斯特丹的史基浦机场当局在每个小便池上画了一只黑甲蝇的形象，这项举动使男厕所中发生的小便溢出便池的情况减少了80%。明尼苏达州的官员仅仅通过告诉人们90%以上的明尼苏达人已经完全履行了他们的纳税义务，就大大提高了人们的纳税遵从度。泰勒和桑斯坦使用的另一个例子来自得克萨斯州。在该州当局发起"别惹得克萨斯"广告运动后的一年内，路边垃圾减少了29%。[11]

蝴蝶效应还体现在社会心理学家所进行的一系列实验中，这些研究同样令人印象深刻。[12]例如，有研究表明，如果血站的工作人员能让与人们随行的同伴同意献血，那么他们请人们献血的成功率将从25%提高到67%。更重要的是，在无模型实验中，没有一个受试者会答应献血的请求，而在模型实验中，则有33%的受试者同意请求。[13]同样地，对已经非常注重环境卫生的孩子进行简单地赞扬，他们的房间的整洁程度在短期内会增加四倍，而这一行为在实验结束后很长一段时间内都没有改变。对于那些被告知需要更加注重环境卫生的孩子，尽管他们房间的整洁程度在短期内提高了两倍，但在实验结束后，他们乱扔垃圾的程度又恢复到了测试前的水平。那些既没有被告知需要改善房间卫生也没有被表扬的孩子，则没有改变他们乱扔垃圾的行为。[14]

在商业世界里，我们也有几个例子，都体现出一些小的、看似微不足道的变化可以对人们的行为方式产生重大影响。例如，1927—1932年在芝加哥西电公司霍桑工厂进行了著名的"霍桑实验"。在该实验中，随着一些条件的改变，如调整员工休息、吃饭的频率和时长，装配线员工的生产力提高了30%~40%。值得注意的是，无论这些条件是增加还是减少，生产力都得到了提高！[15]在另一项研究中，一家睡衣厂的工人被要求接受睡衣缝制或装箱方式上的一个看似微小的变化。工人们被分为三组，第一组工人只是被告知这一变化。第二组的工人被要求与管理层会面，然后告知其他员工这一变化并帮助实施。第三组中所有的工人都被任命为"特别操作员"，被要求帮助实施变革。这三组工人的生产力变化情况差异巨大。第一组工人的生产力急剧下降，士气低落（17%的员工辞职）。第二组没有出现士气低落的情况（没有人辞职），他们最初下降的生产力在两周内就恢复了。第三组工人则士气高涨，尽管一开始他们的生产力略有下降（仅一天），但很快就稳步上升，并最终比实验前的生产力水平高出了15%。[16]

通过小行动实现分散式的变革

我们如何在组织内部应用这一原则？在上一章中，我们提出，我们需要建立能够支持和激发敏捷性行为的组织环境。随之而来的问题是，如何创造这样的组织环境？一种方法是自上而下的，即实施一项能够改变企业文化的重大变革计划，这也是大多数组织所采用的方法。这是唯一的方法吗？蝴蝶效应表明，另一种方法可能更好：每一位管理者和团队领导可以自主行动，在他们自己的局部环境中引入小的变革。正确的变革，如果做得恰当，可以在每个局部环境中引发巨大的变化。如果所有这些局部变化都是在一个总体框架内，并且是在高层管理者制定的战略范围内进行的，那么这些局部变化的总和，就可以在整个组织环境中形成一个大的变化。关键在于单个团队的领导者和管理者需要在高层管理者制定的明确范围和准则内采取行动，否则就可能会造成混乱。只要每一项单独的行动都在这些范围内，这些行动的集合就能形成一种巨大变革。星星之火就能会发展成为燎原之势，从而改变整个组织的环境。

有的学术研究已经发现了一些"星星之火"的例子，单个的领导者可以在局部的层面点燃这些"火苗"，目的是改变其员工的工作环境。到目前为止，在这些可以被采纳的小变革中，最有影响力的是我们日常行为中的小而有象征意义的变革。我们都知道，员工会密切关注领导者的行为和言论。基于自己的所见所闻，员工形成了自己的信念，随着时间的推移，这种信念会得到加强。这些信念的集合就是这个组织的文化。显而易见，如果文化是通过领导者的日常行为创造出来的，那么改变文化的方法就是改变这些行为。对此，领导者心中自有安排。我们知道，领导者的一言一行都会被周围的人放大一百倍。这意味着，领导者应该选择一两种他们希望在组织中改变的行为，然后身体力行。关键是要以一种明显可见的、有象征意义的方式来进行。就像施了魔法一样，员工很快就会得到这个信息，并开始按照这样的方式来做。

一个很好的例子是南都·南基绍尔（Nandu Nandkishore）的故事。2005年，他时任雀巢公司在菲律宾地区的市场负责人，并在一年内成功地改变了当地组织的文化。他想鼓励员工之间进行更多的合作，于是他上任后的第一个改变就是对他和助理所在的行政楼层进行了全面的重新设计。原本的设计是从市场负责人的私人通道出来后，紧邻他办公室的是安保人员、他的私人洗手间，然后是助理的办公室，没有助理的允许，没有人可以进入他的办公室。南基绍尔对此进行了重新设计，创造了一个更开放的楼层，任何人都可以方便地进入他（比原来小了很多）的办公室，跨职能团队也可以坐在一起。每一层的墙壁都被换成玻璃，高度也从接近3米高降到了只有不到1米，这让人与人之间的交流和互动变得更加容易。南基绍尔还开始进行定期的员工大会和每周的市场走访，他把在办公室里走动、与员工进行交谈和互动作为自己每日的例行公事。没过多久，整个组织都明白了这样一个信息：协作和开放沟通是当前的新主张。

其他需要进行的小变革

有象征意义地改变我们的行为并不是我们唯一可以尝试的改变。语言也很重要。例如，有学术研究表明，如果我们强调人们的身份而不是他们的行为，我们更有可能对他们产生影响，这是我在之前提到过的。[17]这意味着，如果我们告诉人们"做一个创新者"而不是"请创新"，我们更有可能鼓励组织的创新行为。同样地，如果我们告诉员工"做团队中的一员"而不是"走出你的筒仓"或"请多合作"，我们更有可能促使员工加强合作。另一个关于语言如何影响人们例子是基于人们思维的相对性。下面这个实验很好地体现出这一点。第一组实验要求人们在6美元的现金和一支好笔之间做出选择。大多数被试（85%）选择了现金，只有15%的被试选择了好笔。第二组实验给了被试者们三个选择：6美元的现金、一支好笔和一支坏笔。令人惊讶的是，55%的被试选择了好笔（40%的被试选择现金，5%的被试选择坏笔）。选择好笔的被试人数的比率从第一种情况下的15%上升到第二种情况下的55%，为什么会出现这样的情况？是什么让好笔在第二种情况下成为如此有吸引力的选择？答案很简单。因为有坏笔放在好笔的旁边，这提高了好笔在被试眼中的吸引力。人们的思维是相对的，这是一个众所周知的事实。因此，我们可以利用这个简单的事实来影响我们的员工，让他们采取我们希望的那些行为。要如何实现这一点呢？与其要求人们采取某种行为（X），不如让他们在两种行为中做出选择：一种是我们希望他们采取的行为（X），另一种是非常不具吸引力的行为，从而使X成为一种更有吸引力的选择。

基于另一个我们多年来就知道的简单事实，即人们喜欢顺应他人的行为，我们需要考虑的另外一个小变革是我们应该选择什么样的问题来与员工沟通。很多证据表明，人们喜欢随大流。乔治·兰德（George Land）教授进行的一项研究发现，随着年龄的增长，我们的创造力会有惊人的下降。例如，当一组3~5岁的儿童接受发散性思维（创造力的先决条件）的测试时，约98%的孩子被评为"创造力天才"。五年后，同样的孩子再次接受测试，结果令人震惊，"创造力天才"的比例已经下降到32%。更糟糕的是，当同样的孩子在五年后的青少年时期再次接受测试时，只有12%的人被评为创造力方面的天才。当一组25岁以上的成年人接受测试时，只有2%的人被评为"天才"。这组事实基本上表明，在成长的过程中，人们逐渐学会了顺应，学会了跟随别人去做事情。领导者可以利用这一事实来影响他们的员工。要如何做到这一点呢？通过"宣传"他们想在组织中鼓励的行为。例如，宣传大多数员工都有团队精神，而不是抱怨哪些缺乏团队合作的员工。同样地，宣传大多数员工都按时上班，而不是抱怨那些迟到的人。只要简单地"宣传"正确的行为，就能鼓励每个人都遵循这种行为。

这听起来很简单，但我们在组织中的实际做法却恰恰相反。我们抱怨组织中缺乏合作，员工上班迟到，或不乐于尝试。抱怨这些的过程其实就是在宣传这些"不好的"行为，在这个过程中，优秀的员工甚至都在被鼓励去遵循这些不好的行为。一个典型的例子是由已故的美国前总统夫人南希·里根（Nancy Reagan）在20世纪80年代中期倡导的"向毒品说不"（Just Say No）广告运动。这项运动的发起是为了鼓励高中生抵制来自同龄人的压力，鼓励他们拒绝尝试毒品。它传递出的信息是即使他们的许多朋友和同学都染上了毒品，他们也应该顶住压力，对毒品说不。这场运动失败了。失败的关键的原因，是这场运动试图告诉孩子们不应该听同学的话，但实际上却向孩子们宣传了：他们的许多同龄人都在吸毒。这给他们施加了压力，迫使他们遵循"大多数其他人"正在做的事情。我们从中得到的教训很简单：宣传好的行为，而不是坏的行为。

另一个需要考虑的是我们用来激励人们的动机。一提到"激励"这个词，我们就会立刻想到钱，但事实是，非金钱激励对人们的行为同样有影响，甚至有更大的影响，尤其是在以创造性和概念性工作为常规工作的组织中。[21] 我们可以使用的最重要的非金钱激励，包括认可和表扬、给人们挑战性的任务、给他们自主权以及让他们有机会得到高层管理者的时间和关注。这些都是由每个管理者和团队领导直接控制的激励措施，这意味着它们可以在没有高层许可的情况下使用。此外，与金钱不同的是，这些激励资源并不短缺。

最后一个需要考虑的是员工工作的物理环境。哈佛大学医学院的研究人员在2010年进行了一项研究。[22] 他们分析了数千篇同行评议的学术论文，绘制出了共同作者的精确位置。然后，他们探究了这些论文的质量与共同作者的办公室距离之间是否存在关系。他们发现，共同作者之间的距离越近，他们的论文往往质量就越高。例如，最好的研究总是在共同作者之间相距10米的时候产生，而质量较差的研究是由彼此相距1公里或更远的情况产生。这些结果表明，当人们处于有条件或鼓励进行频繁交流和肢体互动的物理环境中时，他们的合作将更为有效。在工作变得更加虚拟的时代，公司将不得不找到创造性的方法来实现这一点。

麻省理工学院的20号楼就是一个很好的例子。这座大楼建于1942年，是辐射实验室的延伸建筑，起初只是用于安置致力于研究军工新技术的科学家们。20号楼是为临时使用而匆忙建造的，结果却成为第二次世界大战期间一些最重大技术创新（如雷达技术）的孵化器。为什么这里能够实现这么多重大技术创新，其中的秘诀是什么？一份报告显示，不同学科的科学家形成了密切合作，而该建筑的独特设计则是促进人们合作的主要原因。这份报告写道："奇怪的是，使它变得糟糕的东西也使它成为合作和创新的理想场所。薄薄的、由胶合板适度覆盖的木钉墙，使工程师们可以根据需求对建筑进行调整……此外，这座楼是出了名的容易让人迷路，人们经常会误入不同的办公室和实验室，因而产生了一些知识讨论的机会。这些在走廊上进行的非正式的讨论往往会产生新项目的跨部门合作。"[23]

另一个例子来自史蒂夫·乔布斯（Steve Jobs），他坚持皮克斯大楼的设计必须有利于员工之间的互动。据一份报道称："（史蒂夫·乔布斯）设计这座大楼，是为了让人们走出办公室，在中央中庭与他们可能根本见不到的人交流……中庭被乔布斯规划为大楼内唯一的洗手间所在的位置。其设计理念是，那些天生不喜欢交流的人将被迫要与人进行有趣的对话，即使对话发生在洗手间。"[24]

小行动更具影响力

这些只是单个管理人员或团队领导可以发起"小"变革的几个例子，这能帮助他们改善其员工所处的组织环境。这样的例子还有很多。重要的是让每个管理者都能发挥他们的创造力，想出适合他们管理风格和公司文化的行动。当然，不是所有的小变革都会引发大的变革。当然，我们也不应该期望每件事上的小变化都能产生预期的效果。我们可以用一个比喻来形容这个问题。如果你在沙滩上放一粒沙子，什么也不会发生。然而，如果你把一粒沙子放在一个由沙子组成的大金字塔的顶端，这一点额外的质量可能会导致整个金字塔的坍塌。这就是我们正在寻找的东西——能够导致金字塔倒塌的小沙粒。问题是组织中的这些沙粒是什么？

这就要找出系统动力学领域的学者所说的系统中的"高杠杆点"。正如这一学科的奠基人弗雷斯特所评论的："所有的系统似乎都有几个敏感的影响点，通过这些影响点可以改变系统的行为。"[25]因此，关键在于找到特定系统或公司中的高杠杆点。不同的公司有不同的杠杆点，我们也不可能每次都能在事前真正识别它们。它们只有在事后才会显现出来。这意味着我们在组织内所采取的"小"行动应该尽可能广泛。我们采取的小行动越多，他们有可能触及系统中的高杠杆点的概率就越高。

但是，如果高层管理者没有制定明确的参数来指导其下属的管理者和团队领导者，没有告诉他们在没有高层管理者批准的情况下，可以做什么，不能做什么，那么本章所倡导的用于改变组织环境的分散的（去中心化的）方式不可能取得成功。这个问题我们在上一章也提到过。是的，员工应该被赋予自主权来应对变革，因为这样做可以提高组织的敏捷性和反应速度。但是，没有任何约束或指导性参数的授权会导致混乱。因此，人们必须知道这些指导性参数是什么。接下来，我们就谈谈这个话题。

如何在不失去控制的情况下给予自主权

上一章指出，我们可以用分散的方式来改变公司的组织环境。要想做到这一点，我们可以给予各管理者和团队领导自主权，让他们在其所处的局部环境引入小的变化。这些分散在局部的变化汇总起来便有可能导致整个组织环境的重大变化。相比大多数公司所遵循的集中式的、自上而下的方法，这听起来是一个更好的改变公司组织环境的方法。然而，分散式的方法并非没有风险。如果这些单独的行动汇总起来没有形成一种连贯的变化，会发生什么？这里所提出的分散方法究竟是会形成自下而上的变革的关键，还是最终会导致混乱，使组织找不到确切的发展方向？

找到这些问题的答案对我们来说很重要，因为到目前为止，我在本书中提出的许多事情都依赖于人们的自主操作。例如，我在第04章中提出，如果允许一线员工持续监测外部环境，并且决定哪些变化要报告给高层管理者，哪些变化需自行应对，我们对变革的应对能力就会增强。同样，我们在第05章中提出，改变公司组织环境的最佳方式是让单个管理者和团队领导自由地在各自的局部组织环境中进行小的改变，这些改变的集合将改变整个公司的环境。我们如何才能确保所有这些遍布组织的自主权和主动权不会以一锅粥式的灾难而告终？

当我问一家美国跨国经纪公司的管理合伙人这个问题时，他的回答如下："我负责提供画布和颜料，由他们来决定画什么和怎么画。"他的意思是他的员工可以有自主权，但它要在一定的范围内。是的，他们可以画他们想画的东西，但必须是在我们的画布上，只使用我们给他们的颜料。法国一家连锁超市的首席执行官也提供了一个类似的比喻："我会告诉我的员工，我希望他们在什么时间到达什么地方，但如何到达那里由他们自己决定。"这两个回答都表明，要对我们所提出的问题进行一般性回答其实很简单——你可以给人们自主权，但必须在某些参数或界限内。这些参数将给我们的员工提供指导：当他们需要做的决定在这些参数范围内时，他们将拥有自主权；而如果他们需要做的决定超出了这些范围，他们便不能自行其是，而必须征求高层管理者的许可或建议。

大多人都会同意这一原则，但问题总是出在细节中。具体来说，这些参数（范围）到底是什么？指导人们行为的参数与扼杀人们主动性的规则条例之间究竟有什么区别？我将在本章中探讨这些问题。具体来说，我认为组织需要设置两种类型的参数。第一种是组织明确传达的战略。这是指组织所做出的艰难的战略选择，它决定了哪些决策是"战略性"的（只应由高层管理者承担），哪些决策是"运营性"的，可以由员工承担。我们要探讨的第二种参数是组织的价值观和目标。只要这些价值观在组织中根深蒂固，它们就会帮助员工判断哪些行动可以实现我们的目标和体现我们的价值观，哪些行动不支持。这反过来又会帮助他们决定什么是自己要做的，什么是要提交给高层管理者决定的。我所提出的这两种参数并没有什么出奇的地方，但问题是，组织在执行这两种参数时总是会失败，并且还是可预见地失败。

参数一：明确的战略选择[1]

有关战略的决策是高层管理者的特权，不能授权给员工。例如，决定以什么客户为目标或销售什么产品便是战略决策，它们必须由高层管理者做出。同样，战略的改变也是高层管理者的范畴。如果没有组织领导者的明确意见，我们不能让员工自行改变产品线或目标客户。市场的反馈显然也是重要且不能被忽视的。如果反馈表明组织需要改变或调整战略，那么员工必须向管理者报告，并由他们来决定。如果反馈是关于运营问题的，那么员工可以自主地做出应对。因此，原则很简单：员工可以行使自主权来处理运营问题，以改进我们已经在做的事情，但不能对组织已经做出的、用来确定其战略方向的战略选择自主采取行动。

显然，为了让员工区分运营问题和战略问题，他们首先需要知道组织做出了哪些战略选择。这意味着指导员工行为的最重要参数，即能让我们在不担心失去控制的情况下给予自主权的参数，就是我们明确传达的战略。这里的战略具体指的是组织在三个关键问题上做出的艰难选择：目标客户的选择；为客户提供的具体产品的选择；与竞争对手博弈方式的选择，也就是价值链活动的选择。这听起来很简单，但有大量证据表明，大多数公司的员工都不知道他们公司的战略选择。例如，2013年的一项学术研究报告指出，即使在那些拥有明确阐述战略的高绩效公司中，也只有29%的员工知道他们公司的战略是什么。[2] 相关的发现并不只限于此，还有多项调查报告显示，尽管高层管理者声称他们的战略是清晰的，得到了良好的沟通，并被员工理解，但员工似乎对他们的公司战略一无所知。[3]

这就很令人困惑了。组织花了大量的资源（时间、金钱和精力）来制定其战略，也花了同样多的时间和精力将战略传达给组织中的成员。为什么大多员工都声称对这些战略一无所知呢？显然，造成这种令人遗憾的状况的原因有很多，也许是因为战略难以解释，也许高层管理者没有进行足够的沟通（或沟通能力不佳），也许员工只是被动倾听或缺乏关注。我想从中挑出三个原因来阐述。

原因一：未能做出战略所需的艰难选择

战略就是要做出艰难的选择——组织将做什么，更重要的是，它将不做什么。随之而来的问题是："它是关于什么的选择？"这个问题没有一致的答案，但至少有三个关于战略的选择需要做出——谁，做什么，以及如何做。

- 谁——哪些人属于目标客户，哪些人不属于目标客户？
- 做什么——应该为这些客户提供什么，不应该提供什么？
- 如何做——应该如何实现这一切，也就是说，应该进行哪些价值链活动，不应该进行哪些活动？

　　这三个参数构成了组织的战略。它们确定了组织在行业中的定位，以及员工可以自由自主行动的范围。我在其他地方写过如何做出这些选择，以及谁有责任做出这些选择。当人们看到这个简单的观点时，通常会问：这三个选择是否就是一个组织在制定战略时需要做出的仅有的选择？至于"在哪里，为什么，什么时候"这些问题，又该如何处理呢？如果我们不在这些问题上也做出选择，我们的战略岂不是不完整？尽管人们提出的这些疑问有一定的道理，但其实他们忽略了最关键的一点：大多数组织面临的真正问题不是他们是否需要做出三个、四个或五个选择，而是如何让他们的高层管理者做出选择！组织所犯的最大的战略错误不是他们在决策中少做了一两个选择，而是他们根本没有做出选择。关于这一点，波特在很久以前就提到过。

　　令人惊讶的是，有非常多的组织都陷入了这个问题，即没有做出必要的战略选择。其中一个原因是，做出这些选择并不容易。这三个问题中的每一个都有多种可能的答案。我们应该面向客户X还是客户Y？我们应该分销产品A还是产品B？我们应该提供服务P还是Q？没有人确切知道，即使分析可以消除一些不确定性，但它不能得出肯定的答案。因此，在组织做出决定之前，会有辩论、分歧和拉选票的情况。然而，归根结底，一个公司不可能让所有人满意，它必须在各种选择中分配其有限的资源。因此，需要做出清晰明确的决定。这些选择可能会被最终证明是错误的，但这并不是不做选择的借口。

　　未能做出必要选择的另一个原因是对人说"不"是一件很困难的事，而且往往会在组织中造成不好的感觉。例如，如果公司决定不再以南美洲的客户为目标受众，那么该地区的管理者会感到沮丧，因为公司不会再向他们的地区投入资源。他们会反对这一决定，而且无疑会感到难过。没有人会喜欢让别人不高兴，尤其是自己的同事。因此，他们总是希望避免对人说"不"。

　　也许还有其他原因，但最终的结果是可以预见的，组织始终无法做出战略要求的必要选择。面对不确定性，他们投入一些资源去争取客户X，用另一些去争取客户Y，这只是在打安全球。这个过程对X和Y都是一种伤害（因为对两者的投入都不足），但这样至少可以确保他们不会因为选择一个可能在五年或十年后被证明是错误的东西而犯错。同样，面对可能会让一些同事不满的预期，人们会将有限的资源分配给不符合组织目标或方向的项目和地区。这导致他们在值得关注的事情上投资不足，但至少他们没有让同事们感到不快。

　　未能做出选择导致战略没能对组织所做出的（困难的）选择进行明确陈述，而是变成了一个旨在实现所有美好事情的模糊的、通用的陈述。这是我们在战略上缺乏明确性的第一个关键原因。因为这些战略说的都是正确的事情，因此没有人能够真正反驳它们，但在这些战略中，却没有任何一条能够为员工提供指导，或说明组织做出的选择，因为组织并没有做出选择。当你阅读任何一家公司的年度报告时，所看到的都是一些让人听起来感觉良好的陈词滥调，还美其名曰是组织的"战略陈述"。其他学者同样也提出了这个观点。[7]这些笼统的陈述无法给员工提供任何指导或方向。难怪员工抱怨说他们不知道自己组织的战略是什么。他们不知道，是因为组织本来就没有真正的战略！

原因二：未能以"正确"的方式传达所做出的选择

假设公司已经在"谁–做什么–如何做"方面做出了明确的选择，那么，这些选择需要传达给组织的其他成员。通常情况下，传达行为根本就不会发生，或者传达行为本身是无效的，以至于战略对员工来说仍然是个谜。然而，即使在最好的情况下，当组织已经做出了所需的选择，并且高层管理者花了时间和精力试图以清晰明确的方式传达这些选择时，员工很可能仍然无法完全理解传达给他们的内容。这一情况主要有两个原因。

第一个原因，由于战略往往被表述得非常笼统，以至于员工无法理解战略的含义，也不知道他们可以做什么来帮助战略实施。例如，以下这则（某）跨国公司的（真实）战略陈述："我们的战略是成为一个真正以客户为主导的公司，并建立一个可以发展和成长的平台。我们将推动创新和增值的综合解决方案，我们将转向咨询性客户伙伴关系和服务业务模式。"这个陈述太笼统了，对员工毫无意义。它没有为这个组织的发展方向提供任何指导，也没有具体说明公司已经做出的选择。员工对如何使自己的日常行动符合战略仍然一无所知。

还要注意的是，组织在陈述战略时，容易将目标愿景与如何实现这些目标混为一谈，以及使用听起来很好但有歧义的词汇。例如，像"增值的综合解决方案"或"咨询性的客户伙伴关系"这样的表述，其意义不明确，对某个员工来说，它可能意味着一种解释，对另一个员工来说则可能是另一种解释。这反过来又造成了混乱和分歧。为了充分了解这个问题有多严重，请考虑商业中最为广泛使用的一个表述："战略性地思考。"我们每个人都曾在某个时候被建议"战略性地思考"。我们都同意这一点很重要，而且我们都渴望做到这一点。但这句话到底是什么意思？我曾问过数百名高层管理者，当有人要求他们进行"战略性思考"时，他们会想到什么？你又会做何感想呢？你认为当人们告诉你要战略性思考时，他们到底想说什么？事实证明，这句话可以有许多可能的含义。以下几项是其中最常见的几种含义。

- 从长远考虑（至少是未来的3~5年）。
- 思考我们面临的大问题（而不是渐进式的问题）。
- 从外部开始思考在我们周围发生的巨大变革，然后决定在内部做什么。
- 不要惊慌；退后一步，冷静地思考我们周围的变化。
- 从整体上考虑整个组织可能会受到你想做的事情的影响，而不仅是你的单位或部门。
- 从集体、合作的角度（而不是个人的角度）思考问题。
- 思考我们需要采取哪些重大的措施来实现我们的愿景。

　　这些只是这句话的七种含义（可能还有其他含义）。现在问问自己："当一句话有（至少）七种可能的含义时，在一个组织中会产生什么？"很明显，会导致混乱和不明确。例如，当你的老板要求你进行战略思考时，他的意思可能是"从长远考虑"，而你可能认为老板的意思是"从集体、合作的角度思考"。你按照自己认为的做了，而你的老板却因为你没有按照他的要求做事而生气。这种情况在组织中经常发生，因为高层管理者似乎总是钟爱这些流行语和通用性声明。诸如"战略性思考""跳出框架思考""以客户为中心""敏捷"等短语听起来都很不错，但它们对员工来说其实毫无意义。它们太过笼统，无法提供任何指导，这就是战略的传达最终往往让员工感到困惑，而不是让他们有清晰认知的一个关键原因。这也是导致管理学家奇普·希思（Chip Heath）和丹·希思（Dan Heath）宣称"看起来像抵制变革的东西往往缺乏明确性"的原因之一。

　　还有一个因素也会影响传达效果。仅仅传达你所做的选择往往是不够的。你真正需要传达的是所做出的选择，以及考虑过但最终放弃的其他选项。正是与其他选项的不同的定位相比较，人们对最终选择才有了更清晰的认知。这意味着你不应该说"我们已经决定以客户X为目标"，而应该说"我们已经决定以客户X为目标，而不是客户Y或客户Z"。此外，为了让员工认识到选择过程的艰难，组织不仅要明确地传达那些备选项，它们本身还必须具有可信性和可行性。例如，选择成为"我们市场上的领先供应商"并不是一个可信的选择。除了"领先供应商"，你还考虑过哪些备选项并最终拒绝了？没有任何可信的备选项，这使我们无法选择这一声明。

你怎么知道你所考虑（和拒绝）的替代方案是否可信和可行？一个很好的测试是看一下组织里有多少人赞成被拒绝的替代方案。如果有足够多的人支持被拒绝的替代方案，或者对此产生了热议，或者你最终的选择没有被普遍接受，那就意味着替代方案是可信的。这就是为什么明确说明你考虑（和拒绝）了哪些替代方案对你的听众如此重要——它帮助他们看到，当你说自己做了一些困难的选择时，你是真诚的，这会使他们更加理解你所做出的选择。

在心理学中，传达选择时要传达其他所有备选方案是一个既定概念。在我职业生涯的早期，我就意识到了这一点的价值，在伦敦商学院担任系主任时，我开展了一次用户调查来决定为我们的学生提供什么样的新课程。具体来说，所有一年级的MBA学生都收到了一份可能开设的新课程清单，并被要求选择他们希望我们开展哪些课程，并将其作为他们学位第二年的选修课。有两门课程特别受欢迎：一门是伦理学，有86%的学生选择；另一门是关于可持续性的课程，有90%的学生选择。令我们惊讶的是，实际上最终只有不到10名学生（在400名学生中）注册了这两门课程中的任何一门。事后看来，原因是显而易见的。学校列出了80多门选修课程，学生必须从中选择15门作为第二年的课程。因此，学生们不得不做出艰难的选择。选择公司财务方面的课程还是伦理方面的课程？两者都很有吸引力，但关于公司财务的课程显然更具吸引力。我们不应该问学生

"你希望我们为你提供A课程吗"，而是应该问他们"如果你必须在课程A或课程B之间做出选择，你会选择哪一个"。只有当所有的选择都被展示出来时，学生的真正偏好才会显现出来。同样地，只有所有考虑过的备选方案都呈现在人们面前，我们所做的战略选择才会变得清晰。

原因三：选择随着时间的推移而淡化

到目前为止，我们认为员工不知道我们的战略有两个关键原因：一是我们未能做出必要的选择，因此我们向员工传达的是听起来很动听的陈词滥调，而不是一个连贯的策略；二是即使我们做出了必要的选择，但我们向人们传达的方式造成了更多困惑。然而，员工对战略常常感到困惑还有第三个原因，这个原因或许更为糟糕。

我们做选择时，总会有一个对应的时间点，我们需要考虑组织在那个时间点所面临的市场现实。随着时间的推移，这些市场现实可能会改变——新的竞争对手可能会出现，不同的客户需求可能会显著增加，新技术可能会进入行业等。考虑到不断变化的市场现实，组织需要时刻保持警惕，及时改变和调整其最初的选择，以应对周围发生的变化。战略的最大危险之一就在于此——为了应对新出现的威胁或利用新的机会，组织可能会慢慢地改变其原来的选择。在这个过程中，它可能最终会让自己最初的选择变得面目全非，破坏最初的选择在市场上的独特定位。

这种情况的具体表现就是高层管理者说的是一回事，而组织做的却是另一回事。例如，战略上说我们的目标是客户X，而实际上我们却同时向客户X和客户Y销售产品。美国的爱德华琼斯（Edward Jones）公司就提供了一个例子。它的成功建立在一个非常独特的战略上，即以美国中产阶级为目标群体，通过一个广泛的经纪办公网络向其销售金融产品，并承诺"让客户安心"。想象一下，为了应对互联网的出现和在线经纪业务的增长，公司决定向客户提供在线经纪业务。增加这项服务可能被人们视为利用互联网崛起的最自然和最明显的举措，但在这样做的过程中，爱德华琼斯削弱了其原先战略的独特性，它不再推销"让客户安心"的承诺，而是像行业内其他公司一样推销金融产品。随着时间的推移，像这样的决定一个接一个地做出，并对不断出现的威胁和机会做出应对，这将导致该组织发展的方向逐渐远离其初心。换句话说，它最近所做的与它最初的战略陈述完全不同。想象一下，如果你是组织中的一名员工，首席执行官说的是一件事，而你观察到组织实际在做的是另一件事。你难道不会抱怨组织没有真正的战略吗？

这个问题的解决办法是什么？当然，组织必须对周围发生的变化做出应对，但如何在不削弱其战略的情况下做到这一点呢？一种解决方案是仅采取那些符合其战略（针对外部变化）的应对措施。例如，爱德华琼斯公司如果打算接受在线经纪业务，就必须以强化它选定的客户群和支持它的价值主张的方式来开展在线经纪业务。另一种选择是接受这些应对措施，这将不可避免地导致组织形成一种不同的战略。我们可以接受公司的战略发生改变，但重要的是，我们要将更改后的战略传达给员工。更改战略本身并没有错，错误的是不承认这一点，并还在假装旧战略仍然有效的情况下更改战略。

因此，总的来说，重要的是我们需要制定一个明确的战略，并将其传达给员工，以指导他们的日常决策。现在流行的说法是，战略的实施比战略本身更重要，或者"文化能把战略当早餐吃"。事实远非如此。试想一下，如果你的战略只是给员工打鸡血，鼓励他们蛮干、猛干，那么不管你如何实施，你都不太可能取得成功。一个建立在对"谁–做什么–如何做"所做出的选择之上的战略，并以"适当的"方式传达给员工，是其他一切的先决条件。当然，你仍然需要执行它，你仍然需要有正确的文化来实施。但就像你必须先学会走再学跑一样，在实施战略之前，公司首先需要制定出正确的战略。制定正确的战略在智力上并不困难，但它仍然需要强有力的领导者愿意做出艰难的选择，愿意说"不"。

参数二：强大的价值观和激励性目标

激励性目标和强大的共同价值观是第二个可以用来指导员工行为的参数，在这个过程中我们可以给员工很多自主权。在这方面，凯茜·奥多德（Cathy O'Dowd）提供了一个例子。她是1996年南非第一支成功登顶珠穆朗玛峰的登山队的成员。这支登山队的成员是经由全南非范围内的比赛选拔出来的，他们的任务是把新的南非国旗象征性地插在珠穆朗玛峰的顶部。由于团队成员彼此都是陌生人，而互相了解并建立团队文化是成功的先决条件，因此，在攀登之前，他们在大本营待了几个月，一起做准备工作，希望大家能融为一体，而非个体的集合。根据奥多德的说法，这是一个不小的挑战。没过多久，争论和分歧就开始出现，团队凝聚力也开始日渐减弱。团队分化成了一些小团体，每个小团体都试图做得更好，彼此之间开始竞争，而缺乏合作。事态发展到非常糟糕的地步，以至于南非国内的报纸都开始报道登山队的内部分裂并唱衰这段即将开始的冒险。一天早上，在一个讨论非常激烈的团队会议上，队长要求其他人安静一分钟。然后，他指着帐篷顶上新的南非国旗。他告诉队员："这就是我们在这里的原因。我们的同胞选择我们，让我们把新的国旗插在珠穆朗玛峰上，告诉世界一个新的南非已经诞生。我们不要让他们失望。"根据奥多德的说法，队长的这几句话对团队产生了巨大的影响。就像变魔术一样，人与人之间的冲突立即就消失了，团队成员开始一起合作来完成这个任务。一个月后，南非国旗出现在了珠穆朗玛峰峰顶。

这个故事强调了激励性目标在团结、激励和引导人们方面的重要性。这方面最著名的例子，也许是美国肯尼迪总统在20世纪60年代末提出将人类送上月球的远大目标。这一雄心壮志吸引了全美国的关注，并激励了数百万人共同努力。只要人们"接受"了这个目标，我们就可以给他们很大的自主权，因为我们相信他们只会采取支持这个目标的行动。同样的原则也适用于组织价值观。只要员工知道并相信组织的价值观，我们就可以确信他们不会做可能破坏这些价值观的事情。当员工需要做出决定时，这个简单的问题可以为他们的决策提供指引："这个决定符合公司的价值观吗？"如果答案是肯定的，他们就会知道自己有做决定的自主权。如果答案是否定的，他们会知道自己不能做决定，需要从管理者那里寻求指导。

到目前为止，我们所讨论的应该都是没有什么争议的。然而，其中有一个陷阱：并不是所有的目标都是激励性的，也并不是所有的组织价值观陈述都能有效地指导我们上文所讨论的行为方式。相反，如果我们根据"世界上87%的员工声称对工作不投入或不主动投入"这一事实来判断，那么大多数目标肯定是无用的。[12]因此，我们必须解决的问题是：激励性目标和非激励性目标之间有什么区别？引导行为的价值观和被人们忽视的价值观之间有什么区别？尽管人们普遍认为，组织所使用的语句或陈述的内容是很重要的，但证据表明，它们并不是使这些陈述有效的关键因素。[13]是的，有一个听起来不错的目标（如"我们的目标是让世界变得更美好"）比没有任何情感内容的目标（如"我们的目标是股东价值最大化"）要好，但陈述中使用的语句并不是决定其有效性的最重要因素。到目前为止，更重要的是，员工是否已经"接受"了我们的目标或价值观陈述。他们是否真正被我们的目标所激励？他们是否按照我们提倡的价值观生活？还是他们认为这两者都是他们不得已而为之的选择，一有机会就会选择放弃？当然，人们不会仅仅因为我们让他们那么做，就去"接受"我们的目标和价值观。我们需要找到方法，积极向员工"推销"这些东西，以赢得他们的认同。这样自然就产生了一个问题：我们如何推销我们的目标或价值观陈述，才能让员工接受它们？

这也是我在第03章中提出的一个话题，即如何向人们推销一个积极的目标以赢得他们的情感承诺。尽管有相似之处，但推销组织的目标和价值观的过程比我们在第03章中讨论的步骤要多一些。具体来说，一个有效的推销过程需要我们带领员工经历四个阶段（图6.1）。

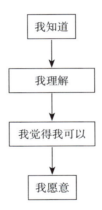

图6.1　如何为我们的目的赢得情感承诺

在第一阶段，我们需要向员工传达我们的目标和价值观，以便在一天结束时，他们都能自信地说："我知道我们的目标和价值观是什么。"这听起来可能很容易做到，但实际情况并非如此，因为有证据表明，人们总是高估自己的有效沟通能力。例如，在由斯坦福大学的伊丽莎白·牛顿（Elizabeth Newton）进行的一项实验中，参与者被要求向听众打出一首歌的拍子。他们被要求猜测有多大比例的听众能知道他们打拍子的歌曲是什么。平均而言，他们期望50%的人能够听出来。而实际上，只有2.5%的人听出来了。这表明我们没有自己以为的那样善于沟通。因此，在这个阶段，我们必须注意确保我们的沟通是清晰的，并确保员工真正理解我们传达给他们的内容。

在第二阶段，我们需要向员工解释"为什么"——我们为什么要选择这个目标？为什么它对我们组织整体以及组织中每个个体来说都是重要的？对于我们选择的价值观，也应该进行同样的解释。在这个阶段结束时，我们希望员工能够说："我知道你要我做什么，我明白为什么。"如果员工参与了组织目标或价值观的形成，这个阶段会进行得更加顺利。

在第三阶段，我们需要对推销给他们的东西有信念感。无论前两个阶段多么有说服力，你的员工可能会想："我们真的能达到这个目标吗？当你说这些价值观对我们的组织很重要时，你是认真的吗？"在目标实现的过程中，尽早地创造出一些胜利成果并对此进行庆祝，是一种让人信服的策略。为他们提供必要的资源和支持环境来帮助他们实现目标也是如此。通过行动来证明所陈述的价值十分重要，其重要程度甚至超过了公司的利润收益（财务结果），这可能是创造信念感最有效的方法。如果你在这个阶段成功了，你的员工会说："我知道我们需要做什么，我知道为什么，我认为我们可以做到。"

　　第四阶段是这个过程中迄今为止最困难的阶段，这是我们从理性接受进行到情感承诺的时候。第03章中描述的策略，如可视化（形象化）、讲故事和言行一致，也可以在这个阶段进行应用，以赢得员工的心。除此之外，还有两个策略：第一，让你的员工觉得他们在你的组织中工作很特别；第二，让他们觉得大家都是在一条战线的。为了赢得员工的情感承诺，你必须让他们感到自己与众不同，换句话说，与其他组织的员工不同。你可以通过以下方式实现这一点：以不同于其他人的方式对待他们，或者给予他们不同于其他组织的目标或责任，或者在他们周围创造一种独特和特殊的文化。为了让员工感觉到他们是一条战线的，你必须培养一种团队精神，每个人在其中都是平等的、相互依赖的。你还可以使用一些符号和仪式来强化团队精神。

　　如何判断自己是否已经成功地向你的员工推销了你的目标或价值观，并赢得了他们的认同？你应该注意员工是否有以下表现：充满活力和激情，在努力工作的同时也能享受工作的乐趣，享受与同事的相处，并且从不放过任何机会来表达他们对成为团队成员的自豪感。对他们来说，工作是一种快乐，因为这使他们能够在一个与自己的价值观和信念非常契合的组织中与他们信任的人相伴，一起追求他们所珍视的东西。只有实现了这一点，你才应该愿意给你的员工尽可能多的自主权和自由，并放心地认为他们不会做任何有损于组织目标或价值观的事情。

指导员工的其他参数

明确的战略选择、激励性目标以及能够被员工接受的强大价值观是我们需要设置的关键参数，这样员工就会知道什么时候该自主操作，什么时候该把决策权提交给高层管理者。但显然，这些并不是我们可以使用的全部参数。例如，让员工感到自己是大家庭中的一员的强大企业文化，也可以指导员工的行为，并能让我们赋予他们更多的自主权。同样，分散的结构设置可以让员工归属于一个小型单元（或团队），每个团队都有自己的领导者，这也将使我们能够给予他们更多的自主权，因为员工之间可以互相监督，而团队的领导者也有条件进行更有效的监督。

与此同时，我们并没有在暗示这些参数可以完全取代组织的控制和监测系统。它们当然不能被取代。尽管员工的意图和想法是好的，但他们仍然可能会犯错误，有时是代价高昂的错误。因此，我们需要建立控制系统，以确保员工按规则行事。事实上，我们对严格的监测和控制系统的依赖会增加员工偏离规定参数的情况。因此，相对于我们到目前为止所讨论的参数，我们对监测和控制的依赖程度，将取决于我们在参数范围内授予员工自主权方面的努力结果。

如果人们"滥用"自主权怎么办？

如果一切都按计划进行，员工应该清楚他们可以自主行动的参数是什么。这样的话，你可以预期，在大多数情况下，他们会依照计划行事：当决策事项属于参数范围内时行使自主权，而对于任何超出这些参数的决策，则寻求指导和许可。不幸的是，正如任何与青春期子女打交道的父母都已经知道的，生活有时会发生意想不到的变化。青少年可能会做出一些明显超出规定参数范围的事情，员工也是如此。这并不意味着结果一定会是糟糕的。它可能是，也可能不是。随之而来的问题是不管结果如何，我们应该如何处理员工在规定之外的情况下行使了自主权这一事实？

我们可能面临的四种情况，到底是哪种情况具体取决于员工是否遵循了正确流程以及结果如何（图6.2）。第一种情况：员工遵循了正确的过程，结果也很好。如何处理这种情况很容易，我们赞扬和奖励员工。第二种情况：员工遵循了正确的流程，但结果却很糟糕。在这种情况下，我们可以尝试从经验中学习改进我们的流程，而不能也没有理由去责怪相关人员。第三种情况：员工的行为超出了我们为他们制定的参数范围，结果也很糟糕。许多灾难都是这样造成的，也正是在这种时候，公司会重新强调控制和监测系统，以确保员工不会滥用赋予他们的自主权。第四种情况：员工的行为超出了我们设定的参数范围，但结果是好的。还是同样的问题：我们应该如何对待这些员工，我们应该从这些事件中吸取什么教训？

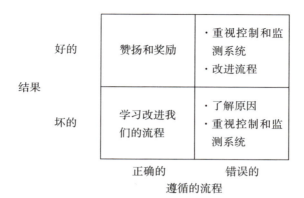

图6.2　自主权和可能的结果

对于那些在规定自主范围之外擅自行事的员工，还没有合适的处理方式，特别是当他们的行为产生了一个理想的结果。然而，这并不意味着没有可以从中吸取的教训或可改进之处。此类事件应该被用于发现我们流程中存在的不足，并加以改进。另一个教训是要确保在组织中使用适当的监测和控制系统。自主权与监测控制系统之间需要达成一种很好的平衡，强调自主权而缺乏监测会引发问题。最后，这些事件还可以用来教育员工什么适合做，什么不适合做。重要的是，不能仅停留在对人员的指责和惩罚。如果我们只惩罚人员而不改进流程，那么无论谁处于他们的位置，都会犯同样的错误。

利用变革

创新型应对战略的重要性

到目前为止，我们已经探讨了如何为组织建立良好的基础，以便在变革出现时立即采取行动，比如对变革的正确态度、组织中的积极紧迫感以及支持和促进敏捷行为的潜在组织环境。不幸的是，除非我们同时具备合适的条件，比如合适的程序和人员，以确保我们制定出良好的应对战略，否则所有这些准备工作都将毫无意义。我将在本章和下一章探讨如何做到这一点，但我们必须在一开始就强调，我们探讨的是能够确保你制定良好战略的思考过程，而不是探讨你应该采取什么具体战略。

不同的组织面临不同的变革，因此，如果你不知道自己需要应对的具体变革是什么，任何人都不可能告诉你应该采取什么战略。从这个意义上说，"我应该采取什么战略来应对变革"这个问题是没有意义的。"变革"这个词是一个通用术语，缺乏明确性。问"我应该如何应对变革"这种一般性的问题，类似于问你的医生"我应该如何应对疾病"。如果你的医生没有先确定你的疾病就给你开了药，你将会（也应该）担心。

成功应对的要素

我们不能给出一个每个公司都应该遵循的战略，但我们可以探讨如何处理这项任务。那么，一个组织应该如何制定有效的应对战略呢？在探讨如何制定有效的应对战略之前，我们可能需要先解释一下何为有效的应对战略。我们看看下面三个例子，一个是成功的应对，另外两个是失败的应对。

成功的应对：泰格豪雅vs苹果手表[1]

2014年9月9日，在iPhone6的新闻发布会上，苹果公司首席执行官蒂姆·库克（Tim Cook）宣布推出苹果智能手表"Apple Watch"。这一消息并不令人意外，毕竟自2011年以来，就一直流传着苹果正在开发一款可穿戴设备。但这次发布会还是在全球手表行业引起了轰动。在苹果宣布这一消息时，分析师们对智能手表的市场潜力充满信心。一位花旗分析师估测："到2018年，智能手表领域的市场价值可能会达到100亿美元。"[2]库克强调，苹果希望"制造世界上最好的手表"，[3]不仅是在精确度方面，而且是在产品定制方面，都达到最好。这款手表也被定位为一款时尚产品。斯沃琪（Swatch）手表的发明人之一埃尔马·莫克（Elmar Mock）预测，智能手表对传统手表行业的影响可能高达30%。"在短期内，这带来的不是危险，而是机会，如果瑞士制表商不抓住它，那就太可惜了。"[4]苹果手表于2015年4月24日正式上市，并迅速成为最畅销的可穿戴设备，仅在2015年第二季度就售出420万块。其首次公布的价格是"349美元起"。

作为既定竞争对手之一的法国奢侈品集团路威酩轩（LVMH），感受到了苹果手表的威胁。路威酩轩的手表部门拥有三个品牌——面向高端市场的宇舶（Hublot）、面向中端市场的真力时（Zenith），以及面向低端市场的泰格豪雅（TAG Heuer）。手表部门由业内资深人士让·克劳德·比弗（Jean-Claude Biver）管理，他认为苹果手表的问世对泰格豪雅是极大的冲击。比弗不想简单地坐等苹果公司生产出什么，然后再做出回应；他想在苹果公司推出新产品之前，就主动出击，制定对策。他对自己的立场是这样描述的："我身处手表行业，毫无疑问，智能手表将从根本上改变我们的行业，所以我需要对它做出回应。"

比弗认为泰格豪雅需要做出应对，因此他很早就做出了一个关键决定，即开发一款尽可能与苹果手表不同的手表。2014年，比弗在接受记者采访时表示自己"对做出一款苹果手表的简单变体并不感兴趣"。他希望他的智能手表与众不同，独一无二。他考虑了两种方式：第一种是创建一个全新的品牌。第二种是使用泰格豪雅的品牌，打造一款具有品牌和个性的智能手表。他决定采用后者。他没有像其他智能手表品牌一样，将其新品称为"smartwatch"，而是将该系列称为"Connected Watch"。泰格豪雅智能腕表（TAG Heuer Connected）系列由此诞生，它于2015年3月正式上市，比苹果手表的上市要早一个月。

比弗在推出泰格豪雅智能腕表的过程中遇到了许多挑战，其中有三个挑战格外突出。

· 在预期出售数量较少的情况下，如何生产或采购智能腕表的技术和部件。

- 在手表技术每隔几年就会发生变化的情况下，如何保护泰格豪雅的品牌特质——"恒久"。

- 新手表如何定价。

比弗面临的第一个挑战是，在瑞士或路威酩轩没有人能够真正生产智能手表。"我们无法在瑞士制造智能腕表的所有部件。我们可以制造其中的70%~80%，但无法制造其中最重要的部分——微处理器，因为它的成本非常高，而且非常复杂。世界上只有少数几家公司在制造这种类型的微处理器。"触摸屏技术则是另一个问题。中国是最好的触摸屏制造商，但他们习惯于大批量供货，每个订单至少批发100万块触摸屏。而泰格豪雅最多只需订购1万~2万块触摸屏。当比弗的团队与中国制造商联系后，后者拒绝以低于最低数量的订单向前者供货。考虑到生产所需的模具和铸造成本，没有制造商会在如此低的订购量的情况下同意以一般价格供货。那么，比弗要从哪里获得触摸屏？电池的情况也是如此。泰格豪雅不习惯大众市场上的情况，中国的制造商也不习惯供应如此少量的产品。

撇开生产不谈，该品牌还存在着一些无法被忽视的严重风险。泰格豪雅有其独特的外观和自己的特质，使其能够立即被识别。比弗面临的挑战是他需要创造一款智能手表，一方面它是智能腕表，另一方面它也是泰格豪雅品牌的手表。正如他所说："无论发生什么，我们必须保持自身品牌的特质，当人们看到这款智能腕表时，他们必须首先看到的是一款泰格豪雅腕表，而不只是一款智能手表。如果他们在智能腕表中看不到泰格豪雅的品牌特质，那我就失败了。"这意味着其设计必须具有鲜明的泰格豪雅品牌特色。这本身就是一个挑战，因为大多数智能手表都又小又薄，而泰格豪雅表的体型则相对较大。

泰格豪雅的传统销售主张是"恒久"。与市场上所有的智能手表不同，泰格豪雅不能制造一个"很快被淘汰的手表"，一个在2~5年内就会被丢弃的东西。这对品牌的风险太高了。正如比弗所说："这会损害品牌的声誉，因为我们销售的是4 000~8 000美元的手表。在这种价位上，客户绝不想买一个几年后就可以扔掉的东西。我们不能有这种坏名声，因为竞争者太容易利用这一点来进行宣传。"他所面临的问题是，智能手表的技术每隔几年就会发生变化。那么，如何能够创造一个每隔几年就需要就改变的东西，却仍然以"恒久"的概念来销售它？

另一个挑战是定价。一块普通的泰格豪雅表零售价约为2 600美元。比弗对于该表的定价有以下考虑：泰格豪雅的价格应该与真力时有较大区分（以避免内部竞争），同时，应该接近消费者"负担得起的奢侈品"的价格点。相比之下，苹果手表的零售价仅为349~399美元。这个定价是有原因的。智能手表的技术寿命相对较短，这意味着随着技术的进步，客户需要每一两年更换一次。对于一种消费者几年后就会淘汰的产品，又能收取多少费用呢？路威酩轩和泰格豪雅制造的手表是"恒久"的，是人们可以用一辈子的。

它们不像智能手机或智能手表那样很快会被"淘汰"。

比弗开始逐一克服他所面临的挑战，以期能在苹果手表上市之前推出自己的产品。通过与英特尔和谷歌结成联盟，他首先解决了泰格豪雅智能腕表的生产问题。谷歌的任务是为手表开发应用程序，软件将基于安卓系统开发。英特尔则提供微处理器。英特尔还提供了额外的帮助，它说服一家中国触摸屏公司向泰格豪雅提供15万块触摸屏。虽然这比泰格豪雅最初想要的1万块要多得多，但比中国制造商坚持的最低100万块要少很多。比弗是如何说服世界上最大的两家技术公司与他合作进行这样一个小项目？他的销售主张是通过与他合作，两家公司可以了解奢侈品的世界，这可能有助于他们升级自己的产品。他认为，在大型技术公司中，只有苹果公司成功地达到了奢侈品的地位。其他科技公司，如英特尔和谷歌，可以通过与泰格豪雅合作来了解奢侈品市场。

为了克服过时的问题，并创造出一种超越技术寿命的手表，比弗想出了"模块化手表"的解决方案。从本质上讲，这意味着手表是作为一个可以插入不同"模块"的表壳来销售的。第一款泰格豪雅智能手表有两个模块：传统的泰格豪雅机械模块和电子智能模块。消费者可以根据自己的心情，方便快捷地取出一个模块并插入另一个。正如比弗所说："你早上醒来的时候，觉得自己年轻有活力，很有科技感，你就把电子模块插入手表中。到了晚上，当你去看歌剧，想感觉更严肃一些时，你就把电子模块取出，在手表中插入机械模块。"比弗计划在未来开发更多的模块。客户可以单独购买智能手表（仅附带智能手表模块），也可以选择同时购买其他模块。

为了开发模块化手表，泰格豪雅的工程师们设计了特殊的表耳，将模块固定在表壳中。这就像徕卡相机一样，用户可以更换镜头，但相机的机身保持不变，从而延长了相机的使用寿命，但这种模式的初始价格较高。这种模块化手表看起来与泰格豪雅机械表的外观完全一样，只不过智能模块会是屏幕。

每个模块都有自己的价格。智能手表模块的起价为1 500美元。如果再加1 500美元，顾客可以购买一个特别版的卡莱拉（Carrera）机械模块来代替智能手表模块。这种机械模块只提供给泰格豪雅智能腕表的用户。这个模块将使手表变成一块传统的泰格豪雅表，具有"恒久"的长寿命，就像他们购买了一款泰格豪雅经典手表。此外，后续的其他模块正在设计过程中，将来顾客可以购买四个不同的模块——智能模块、机械模块、计时模块和陀飞轮模块。陀飞轮模块是最昂贵的，价值15 000美元。泰格豪雅预计还将推出一款女士智能腕表。

泰格豪雅智能腕表与安卓系统和苹果iOS系统都兼容，不过，它在安卓系统上运行得更好，因为谷歌应用商店的应用程序无法下载到iPhone上。与许多智能手表一样，泰格豪雅智能腕表提供通知和健康检查，模块中还内置了三个定制的计时应用程序。泰格豪雅智能腕表的独特性，也就是它不同于市场上其他智能手机的地方，体现在它看起来与普通的泰格豪雅表完全一样，有着泰格豪雅手表引以为豪的独特外观、手感及其对于金属的使用。正如一位评论家所说："泰格豪雅智能腕表具有亮眼、夺目的外观，由豪华材料制成……是在手腕上添加智能功能的最时尚方式。"

在2015年11月的纽约发布会上，泰格豪雅在社交媒体上获得了10亿次点击量，有9亿人通过200家电视台观看了发布会的报道。这次宣传十分成功，证实了比弗选用泰格豪雅的品牌推出智能腕表而不是创建一个新品牌是明智的。然而，发布会的成功并没有让比弗放松警惕。他知道，泰格豪雅智能腕表在未来将面临严峻的挑战。其中一个挑战是手表将进化为手机。根据比弗的说法："我不是搞技术的，我不能预见到所有需要改进的方面。我可以预见的是，有一天，手表将实现所有的手机功能，甚至成为一部手机。当这种情况发生时，泰格豪雅将会遇到问题，因为我们需要电信供应商。苹果公司已经在做这个业务了，我们还没有。对我们来说，这是最大的挑战。现在，我们通过零售商销售我们的手表。如果你在这些商店中购买了带有电话功能的智能腕表，还不能马上使用它，你需要先去找一个电话供应商。这意味着我们将失去传统的分销网络。我们甚至不能在网上销售，因为我们需要先与各个国家的供应商签订合同。"泰格豪雅最初计划在美国与美国电话电报公司（AT&T）结成战略联盟的努力没有取得成果。

另一个挑战是一旦新鲜感消失，如何保持消费者对该产品的兴趣。一个想法是专门为手表开发应用程序。比弗认为开发方向可以考虑运动和健康方面，在手表中内置传感器，因为手表更加接近身体，可以测量手机无法测量的不同数据。但问题是，泰格豪雅没有足够的研发力量，他们必须投入巨资。因此，泰格豪雅需要找到一个可能的合作伙伴——比如一个电信供应商或一个汽车品牌。

尽管挑战重重，而且前途未卜，但比弗毫不怀疑他对苹果手表的应对是成功的。用他自己的话说："这是一场革命。它将改变制表业的面貌。苹果公司、三星公司、LG公司都无法跟随我们，因为他们没有机械机芯。这是让我们免于与他们竞争的优势所在。客户可以拥有更加个性化的手表，而不用承担任何风险，因为手表永远不会被淘汰。"[7]

比弗声称他推出的新表是一场革命可能有些夸张，但毫无疑问，到目前为止，泰格豪雅智能腕表已经取得了成功。负责它的团队成员在五年内从4名增长到30名，每年推出的新款继续强调工艺和高档外观，同时融入了最前沿的运动功能和应用程序。2020年3月，一位行业分析师指出，泰格豪雅智能腕表是"市场上剩下的唯一真正替代苹果的产品之一……泰格豪雅的做法是给智能手表增加运动功能的同时，完善基于手表本身的使用体验，这很有意义。"[8]

失败的应对：大陆航空vs西南航空

和所有老牌航空公司一样，美国大陆航空公司（Continental Airlines，简称"大陆航空"）必须考虑如何应对航空业中低成本、不提供额外服务的直飞模式的发展。这种商业模式于20世纪70年代在美国出现〔美国西南航空公司（Southwest，简称"西南航空"）

是先驱者〕，并在20世纪80年代和90年代延伸到欧洲和世界其他地区。与传统的航空公司相比，低成本航空公司提供的服务最少，但其质量足够好，网络覆盖范围足够广，价格更优惠，航班也更加准时。这一模式的特点是直达航线、频繁起飞、快速返航、起降准时，这种业务模式没有额外服务、没有座位等级差别，但价格便宜。该模式最适合于不超过2.5小时的短途飞行，通常由外出旅行的游客乘坐，但也会有商务人士乘坐短途航班。

新的商业模式创造了一个巨大的新市场，它从老牌公司手中抢来了一部分对价格敏感的客户，但其主要吸引的是那些如果不是因为航班廉价方便便通常不会外出旅行（或者会使用火车等其他交通方式）的人。对老牌企业来说，低端市场就像是唾手可得的果实，随时可以摘取。毕竟，飞行就是飞行。当然，新的商业模式不同于老牌公司所采用的全方位服务式的、中心辐射型的商业模式，但没有人比这些创新者更了解航空市场。因此，当他们看到一个又一个的竞争对手尝试用这种新的商业模式碰运气，却没有取得多大的成功时，他们感到很沮丧——典型的例子是荷兰皇家航空公司（KLM）和英国航空公司。

在美国航空业放松管制前，大陆航空是北美五大航空公司之一，它认为自己可以比其他老牌航空公司做得更好。它的主要客户群是商务旅行者，但低端市场的巨大增长为它提供了一个成长的机会，并帮助它在1993年免于（第二次）破产。在首席执行官罗伯特·弗格森（Robert Ferguson）的领导下，大陆航空于1993年成立了一个独立的部门，名为"Continental Lite"（可以将其理解为大陆航空"廉航版"），并着手在美国东海岸复制西南航空的战略，当时西南航空还没有在那里发展起来。

尽管Continental Lite是作为一个独立的业务部门成立的，但它一开始就是用大陆航空并不盈利的丹佛枢纽的机队来运作的。与西南航空一样，它的目标是主打价格战，并试图通过模仿西南航空的许多活动来实现盈利。它取消了头等舱服务和机上餐饮，缩短了登机口的周转时间，并增加了起飞频次。然而，甚至在航班上线之前，就有媒体评论透露，从丹佛枢纽过来的飞行员不会为了新部门的低成本竞争战略而接受减薪。此外，大陆航空继续提供选座、常旅客计划奖励、行李托运，并拒绝放弃与旅行社的合作关系——这将损害旅行社与其母公司的关系。

大陆航空还做出了一些其他妥协。由于客户对于他们无法从低价机票中获得同样的优惠感到不满，大陆航空减少了整个常旅客计划的奖励力度。同样，大陆航空也无法为廉航版票价支付标准的旅行社佣金，但如果没有旅行社的支持，就无法经营其全面服务业务，因此它决定通过全面削减佣金来解决这一难题。

尽管存在这些不足，这家新航空公司起步不错，市场对其服务的需求很强劲。在当时的新闻发布会上，大陆航空表示希望其廉航版业务能够占其所有业务的三分之一。它还表示，阻碍这家廉价航空公司快速增长的唯一制约因素是飞机短缺。为了支持其增长，大陆航空继续把机队从现有业务转移到新业务上。

然而，不久之后，整个公司开始出现问题。最严重的问题是新旧两条业务线的乘客服务质量不断下降。例如，大陆航空枢纽城市的拥挤和行李转运问题导致了许多航班延误和取消。这家公司很快就获得了业内服务最差的名声。运营仅一年之后，一位评论员评论道："Continental Lite在第一年亏损了很多钱，并尽一切可能让乘客失望。大陆航空是每月丢失行李最多的航空公司，是航班准点率最低或接近最低的航空公司，也是乘客向美国交通部投诉最多的航空公司。我相信这三重'最'是大陆航空陷入困境的原因。如果服务这么差劲，光便宜是不够的。"

到1994年，Continental Lite的业务体量已占大陆航空总业务的一半。它拥有约100架飞机，每周运营近1 000个航班。然而，它的声誉却每况愈下。更令人担忧的是，持续不断的负面话题开始损害母公司的声誉，乘客将Continental Lite和大陆航空混为一谈，并抱怨称就连母公司的标准也已经下降到无法接受的程度。慢慢地，大批地乘客开始离开这两家航空品牌。

尽管拥有北美航空业中每英里①最低的运营成本，大陆航空的廉航业务却无法实现盈利。相反，该业务是一个亏损的黑洞。弗格森于1994年10月辞去了首席执行官一职，他的继任者戈登·白求恩（Gordon Bethune）决定关闭Continental Lite。整个冒险只能被认为是一次失败。2012年3月，大陆航空与美国联合航空公司（United

---

① 1英里 ≈ 1.609千米——编者注

Airlines）合并，不再作为一家独立公司存在。

另外一次失败的应对：瑞士博施出版集团vs自由日报[10]

从20世纪90年代中期开始，世界各地的报业公司不得不面对市场上的一系列变革。其中最严重的也许是网络新闻的出现，以及互联网对传统印刷报业的破坏性影响。另一个同样令人不安的变革是"免费"报纸商业模式的发展。2005年初，总部设在瑞士的传媒公司博施出版集团决定抵御这种商业模式对其本土市场（也就是瑞士法语区）的入侵。

1999年，一家挪威媒体集团在苏黎世创办了瑞士第一家免费报纸《20分钟》（*20 Minuten*）。它获得了巨大的成功，日发行量迅速增长，仅次于付费小报《一瞥》（*Blick*）。在一年之内，它扩展到瑞士的其他德语地区，如伯尔尼、巴塞尔和圣加仑，这样它就可以从印刷、发行和管理的规模经济中获益，同时为广告商提供更大的覆盖区域。2005年，它被出售给瑞士最大的媒体公司Tamedia。截至出售当日，《20分钟》已经成为瑞士阅读量最多的日报，经审计，报纸当日发行了32.9万份，触达读者78.2万人。Tamedia立即宣布，它计划在下半年将该报纸扩展到瑞士法语区，也就是博施出版集团的地盘。

正是在这种情况下，博施出版集团于2005年10月宣布推出自己的免费日报《蓝色早间》（*Le Matin Bleu*）。尽管博施出版集团在瑞士的法语区运营，但它知道，《20分钟》入侵自己的地盘只是时间问题。为了抢占即将到来的先机，《蓝色早间》推出了两个版本——一个在日内瓦发行，一个在洛桑发行。这份新的每日小报以日内瓦湖地区的城市年轻工作人口为目标，作为集团的付费报纸《早间日报》（Le Natin）的补充，后者已经是瑞士法语区读者最多的报纸，拥有35.3万读者。该项目负责人兼博施出版集团报业部门负责人西奥·布查特（Theo Bouchat）认为，新的免费日报是一份简洁而完整的报刊，将为瑞士法语区提供最佳的广告平台。他任命了博施出版集团公司的一名员工担任新的免费日报的主编，但除了技术、印刷和发行人员之外，《蓝色早间》的大部分员工都是公司的新员工，年轻、相对缺乏经验。由于这份报纸将被免费分发给读者，因此关键是要保持低成本，其中就包括员工的工资。

虽然如此，布查特还是决心给《蓝色早间》的工作人员尽可能地提供一切机会，争取使这份免费报纸获得成功。根据布查特的说法："我们说过，'不要让步'。我们不会因为保护我们的付费日报而做出任何妥协和让步，我们告诉他们，他们可以自由地做任何需要做的事情，不管它对《早间日报》会产生什么影响。"因此，《蓝色早间》制定的广告费与其他免费报纸相比更具竞争力，但远远低于《早间日报》的费率。该报在设计和格式上与付费日报相似，但在编辑上却有很大不同。虽然两份报纸都是小报，但付费报纸充满了深入的新闻报道和社论，并且面向年龄较大、较传统的报纸读者。《蓝色早间》则是为了迎合年轻的上班族，以轻松的故事和潮流风尚为特色，没有社论。

2006年2月，Tamedia宣布计划于2006年3月推出洛桑版和日内瓦版《20分钟》。作为应对，《蓝色早间》的发行量迅速增长，截止到《20分钟》在瑞士法语区发行时，它每天发行15万份，超过了《20分钟》的10万份。《蓝色早间》在广告方面也有先发优势。布查特指出："我们已经有了一个广告客户群，而《20分钟》在他们加入战局的时候没有任何联盟。"博施出版集团提供了一种名为"Top Deal"的广告套餐，将两份报纸的广告捆绑在一起。然而，广告商的竞争非常激烈，事实证明《20分钟》有自己的优势：覆盖瑞士全国。布查特说："他们能够以非常少的额外成本为广告商提供进入瑞士法国地区的服务。"

尽管《蓝色早间》在2007年9月将其广告费提高了30%，但到2008年初，这两份免费日报的广告费已相差无几，而且都遇到了来自广告商要求降低广告费的巨大压力。布查特发现，被吸引到《蓝色早间》的广告商比在《早间日报》上做广告的广告商规模小，对价格更敏感。他说："我们发现，我们的大多数新客户都是当地企业，他们以前没有能力在付费日报上做广告。《蓝色早间》给了我们一个机会，让我们重新接触那些买不起《早间日报》或希望吸引年轻人的广告商。"

在《20分钟》到来后不久，博施出版集团注意到了一个令人不安的趋势：其付费日报开始失去读者。到2008年3月，它已经失去了2万名读者，占其发行量的15%，同时也失去了一些广告商。布查特说："我们发现，广告蛋糕并没有变大。相反，广告商将他们的广告分散投放到两份新的、更便宜的报纸上。"与此同时，免费日报的发行量继续增长；事实上，每天市场上的免费日报都比付费发行的报纸多。

布查特认为，博施出版集团已经证明它有能力成功推出一份免费日报。但是，虽然他相信市场可以有一家免费报纸，但他对两份免费日报并存的长期市场预期不太乐观。"我们远远没有达到收支平衡。我们曾希望在3~4年内实现收支平衡，但现在已经是第三年了，我们还看不到希望。"布查特说。网络新闻传播的兴起使情况更加糟糕。当博施出版集团正在与免费日报进行斗争时，客户正以惊人的速度向数字新闻迁移。2009年3月，Tamedia宣布收购博施出版集团。作为交易的一部分，《蓝色早间》和《20分钟》将被合并。

关键的区别：利用颠覆，而不仅仅是抵抗它

显然，决定一项战略是否成功的因素有很多。这些例子强调的一个关键，是有效的应对战略必须避免模仿别人应对变革的做法，并要尽可能帮助公司实现差异化。仅仅试图比创新者或应对同一变革的其他行业对手做得更好是不够的。从这个意义上说，公司不是在寻找一种应对战略，而是在寻找一种能够让它通过利用变革而重新定位并使自己与众不同的战略。例如，泰格豪雅并没有简单地试图与苹果手表做得一样好或比它更好。相反，它利用变革创造了一

系列新产品，而没有将竞争的重点聚焦在创新者苹果的传统优势上。40年前，斯沃琪在面对精工（Seiko）和天美时（Timex）等廉价电子表的变革时也做了类似的事情。相比之下，大陆航空试图与创新者西南航空进行正面竞争。它基本上采取了与西南航空相同的策略，并试图通过做得更好来取胜。这几乎从未奏效过。

这一切听起来简单明了，但对于每一个采取曾经创新对策成功应对变革的组织，我们都可以举出其组织中的反面教材。微软公司就是一个例子。2020年，似乎所有人都对微软公司在纳德拉领导下进行的彻底转型印象深刻，但就在本世纪头20年的大部分时间里，由于未能创造性地应对一个接一个的变革，微软公司迎来了一次又一次的灾难。维多利亚·巴雷特（Victoria Barret）于2009年5月在《福布斯》（Forbes）杂志上发表的一篇文章很好地抓住了这一论点的精髓："微软公司已经花费了数亿（可能接近数十亿）资金，试图在搜索领域超越谷歌公司。现在，位于雷德蒙德的微软总部的员工终于想出了新东西。微软正在推出一款代号为'Kumo'的搜索引擎。如果Kumo公司还是像谷歌公司一样，没有人会在意。因为已经有很多不错的搜索引擎供人们选择。要想击败谷歌公司，微软公司就必须狡猾一些。想要打造强大的搜索体验，微软将必须让人感到震慑……"[11]

再举一个例子。越来越多的公司现在正面临着新的颠覆性商业模式的挑战。虽然有许多可能的应对措施，但其中最棘手的是如何在已有核心业务模式的基础上拓展新的业务模式。[12]给予老牌公司最常见的建议是，将第二种业务模式放在一个独立的部门，并让它有自己的名称、文化和战略。这是主要由克里斯坦森在其关于颠覆性创新的研究中所提出的"创新者的解决方案"，但也有其他学者提倡这样做。[13]尽管这个解决方案在理论上很有吸引力，但现在有足够的证据表明，许多采用这种解决方案的老牌公司进展并不好，例如，英国航空、荷兰航空、大陆航空和美联航等公司在航空业开发的独立部门发展情况都不顺利。

出现这些情况是为什么呢？因为除了创建一个独立的部门之外，该公司还需要确保这个独立的部门采取一种创新的战略——不模仿创新者，而是像游击队员一样向由变革创造的市场进击。如果组织不采取创新战略，很可能会导致应对措施的失败。例如，2020年5月，苏格兰皇家银行（Royal Bank of Scotland）宣布将关闭其独立部门Bo，该部门负责开发数字银行业务并与金融科技公司竞争，例如Monzo和Revolut。根据一位分析师的说法："鉴于英国数字银行市场的拥挤程度和成熟度，Bo总是很难吸引客户，它需要找到一种方法来脱颖而出，并建立自己独特的卖点，以区别于纯数字银行。"[14]不幸的是，它未能做到这一点，因此苏格兰皇家银行关闭了该品牌。该银行的首席执行官表示，自Bo推出的近6个月内，该银行仅吸引了1.1万名客户，这包括该银行的"朋友和家人"。这与Revolut的1000多万用户和Monzo的350万注册用户相差甚远。[15]

所有这些都表明，虽然这个想法很简单——只需制定一个创新的应对战略——但现实是老牌公司在采纳这些建议时面临着巨大的障碍。首先，如何提出一个真正创新的战略，能够利用变革，而不是简单地抵御它，这是我在下一章要解决的问题。即使公司成功地制定出一个创新战略，在实施过程中也会不可避免地出现一些严重的问题。其中最突出的问题是，当公司向新的运营方式过渡时，原有的传统业务将受到影响。这是德国报业集团Axel Springer在利用变革进入一些平台业务时所面临的问题，也是微软公司在从Windows业务转向云计算业务时所面临的问题。当所有的资源和权力都集中在传统业务中时，你如何进行过渡？这也是我在本书后面要解决的问题。接下来，让我们来探讨一下公司如何制定一个真正创新的应对战略。

如何制定一个创新的应对战略

柯达公司（Kodak）发明了数码摄影技术，自己却未能成功转型为数码摄影，这可能是被谈论最多的企业转型失败的故事之一。人们提出了许多可能的原因，毫无疑问，这样一个惊人的失败只能是众多因素的结果，而非仅仅一两个因素所致。然而，柯达公司的两项行动让我们看到了其中最重要的因素：第一个是柯达公司决定收购文件共享网站Ofoto，然后利用它来让人们打印数字图像，而不是在网上分享；第二个是它投资开发Advantix Preview胶片和相机系统，这是一种数码相机，如果用户想保留副本，仍然需要使用胶片并打印照片。这两个决定让我们了解到，柯达公司是如何看待和处理其行业的变革的，它认为变革是作为改善和发展其胶片和印刷核心业务的一种手段。

还有一个非常类似的案例，是关于百视达（Blockbuster）在视频租赁业务中的败退。虽然百视达对网飞（Netflix）造成的威胁反应迟缓是事实，但它最终还是通过推出百视达Online以及Total Access服务的方式做出了回应，该服务允许顾客在网上租赁影碟，并通过邮寄或到店的方式归还影碟。作为额外的奖励，将影碟退回商店的顾客将获得免费的店内租赁服务。这两项行动都是为了改善核心业务，将邮寄影碟与线下服务的灵活性结合起来。这一战略在当时受到好评，然而，与柯达的战略一样，它未能使百视达免于破产。

柯达和百视达都试图利用各自行业的变革来改善其核心业务。

这有什么不对吗？我们可以列举出几十家做着同样事情的公司，与柯达或百视达不同的是，它们似乎都做得很好。例如，美国沃尔玛（Walmart）和英国维特罗斯（Waitrose）等零售商正在利用数字技术、大数据和机器人技术来改善其核心业务。[3] 美国的摩根银行和比利时联合银行等银行、《纽约时报》和《卫报》等报社、雀巢和联合利华等快速消费品公司、诺华和罗氏等制药公司以及戴姆勒和丰田等汽车制造商也是如此。[4] 在一个又一个行业中，我们看到了组织利用当前社会的新颠覆性技术来改善其核心业务的积极案例。因此，我们似乎很难指责柯达或百视达公司的做法。那么，为什么这种策略会在他们身上适得其反？

答案很简单。在决定如何使用颠覆性技术来改善核心业务之前，首先需要评估核心业务是否值得保留或改善。例如，在采取任何行动之前，柯达应该问自己："在新的现实情况下，打印照片是我们要争取的可行业务吗？"同样，百视达也应该问："电影的实体发行在未来是可行的业务吗？"如果你的核心业务正走向湮灭，尝试去改善它就没有意义了。

像创业者一样思考

当然，有趣的是，为什么柯达和百视达没有问自己这些问题？如果在我们看来这些问题都已经很明显了，他们怎么会没发现呢？

一种解释可能是他们确实提出了这些问题，但出于某种原因，他们最终评估认为其核心业务值得为之奋斗。这种情况可能性有多大？这么说吧，如果你以一种带有偏见的方式来看待这个问题，很可能就会得到一个带有偏见的答案。换句话说，如果你用核心业务管理者的眼光来看待这个问题，那么你很可能与用新眼光来看待问题的人不同，你更有可能看到核心业务有着有利的发展前景。此外，与那些在核心业务上从未花过一分钟的人相比，你可能对其投入了更多的感情，以确保核心业务的成功。

所有这些都对需要制定应对战略的领导者产生了巨大的影响。他们需要用不受核心业务偏见影响的眼光来应对变革。换句话说，他们需要跳出核心业务的思维模式，从不同的角度思考。例如，像一个创业者，或像一个新入局者，或从他们真正关心的利益相关者的角度思考，如客户、监管机构或股东。我最喜欢的是像创业者一样去完成任务。我的意思是在思考的过程中，我们需要完全忘记核心业务，并问自己："如果我是一名创业者，正在进入一个由变革创造的市场，我会采取什么策略？"我们需要在不受核心业务约束的情况下观察新市场，并提出一个战略，其目标是让你成为新市场中的赢家，而不是成为原核心市场中的赢家。

想象一下，如果柯达在其战略分析中采取了这一步，它就不会问自己"如何利用新技术来改善我的核心业务"，而是应该问"如果我是理查德·布兰森（Richard Branson）那样的创业者，正在考虑进入数码摄影市场，我会采取什么策略"。如果柯达问了这个问题，它就不会提出一个仍然需要消费者打印照片的数码相机的想法！这种想法只会来自那些专注于保存其原核心业务的管理者，他们一心只想利用变革来拯救或改善其核心业务。一个创业者永远不会这样想，因为他们没有核心业务需要担心。

这是许多老牌公司在试图制定应对战略时所犯的主要错误。他们首先考虑的是自己的核心业务，然后由此展开推断，为了核心业务的发展，他们需要如何利用变革。因此，核心业务的需求和要求影响和制约了他们的思维。他们应该像创业者一样开始思考，而不受核心业务的限制。其结果可能是一个建立在现有业务基础上的战略，也可能完全和核心业务无关。但这并不意味着我们可以完全不考虑核心业务。在制定战略之后，我们可以开始思考如何利用核心业务中的资产和知识来帮助我们比创业者更快、更有效地实施新战略。但重要的是，组织首先要在不担心是否还能保有核心业务的情况下制定战略，然后再考虑如何利用其核心业务能力来实施制定的战略。

所有这些都表明，我们如何制定有效的应对战略，与我们采取什么战略同样重要。无论从事什么行业，公司都必须像创业者一样思考。换句话说，他们必须从变革造成的新现实出发，确定在新现实下他们需要做什么才能成功，然后再决定现有的核心业务能否成为新战略的一部分，或者他们是否应该采取完全不同的路径，远离核心业务。只有在他们决定了要走的道路之后，才应该把核心业务带回到分析中来，并提出问题："我们如何利用核心业务的资产、能力和知识来帮助实现我们所选择的新战略目标？"

如何搭建应对战略的框架

从零开始进行思考是一个好的开头，但我们仍需要拿出应对战略。在这个阶段，我们需要注意的一点是，没有一种战略对所有人都是最优的。我们要明确一点，不同的公司可能面临不同的变革。因此，每家公司都必须针对影响自己业务的特定变革制定出具体的战略。更重要的是，即使是面临同样变革的公司，其应对战略是否得当也将取决于其公司的具体情况。适合一家公司的战略不一定适合另一家公司。例如，想一下传统银行是如何应对数字银行的。对所有银行来说，这可能是同样的变革，但不同银行的应对方式却不同。大多数银行选择将这种经营方式纳入现有业务模式，而法国巴黎银行（Paribas）和苏格兰皇家银行等银行则选择成立独立部门来开发数字银行市场。问题的关键就在于没有任何一种战略对所有公司来说都是最佳的。对一家公司来说，要想得出最优的应对战略，需要考虑的因素很多，包括公司在行业中的地位、公司自身的能力、变革的增长速度、引入变革的创新者的性质以及公司想要追求变革所创造的市场的积极性等。

组织在制定应对战略时，这一过程最好能以结构化的方式进行。图8.1给出的框架就是一种结构化框架。显然，该框架提出的四个方面并不是需要考虑的全部问题，但它们能让需要解决的大多数关键问题浮现出来。现在让我们详细地探讨一下这个框架提出的四个方面。

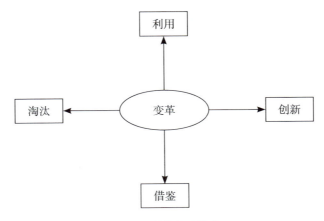

图8.1　制定应对战略

利用创新者的弱点

每一次变革都会带来新的现实，而这些现实会让一些公司（通常是新进入该行业的公司）繁荣起来，因为这些公司开发出了新的商业模式来利用新技术以及变革带来的机遇。它们可能看起来很强大，不可战胜，尤其是在变革之初，并可能会让很多公司的管理者都措手不及，但它们其实并不完美。任何商业模式，无论有多好，它们都有弱点。因此，要探究的第一个问题是："创新者战略中的弱点是什么？我如何制定一个战略来利用它们？"记住，你比那些创新者有优势。你有来自核心业务的资产、能力和知识，现在你可以利用它们来制定一项战略，通过利用创新者的弱点来破坏他们的战略。让我们看一些公司的例子，它们就是通过利用这种思维方式成功地制定了应对战略。

优秀的正面典型中包括了沃尔玛。作为在线零售领域无可争议的领导者，亚马逊占美国所有在线销售额的50%，那像沃尔玛这样的传统零售商，要如何应对像亚马逊这样的巨头呢？从表面上看，亚马逊的商业模式似乎势不可挡，但从沃尔玛的角度来看，亚马逊有一个弱点。亚马逊在美国只有110个仓库，而沃尔玛在美国的49个州拥有超过150个配送中心和4 789家门店。这意味着每一位美国公民几乎都住在距离沃尔玛门店几公里的范围之内。因此，顾客可以在网上下订单，沃尔玛可以利用其本地商店，以比亚马逊低得多的运输成本来更快地配送这些在线销售的产品。据估计，亚马逊当日达订单的平均运费为8.32美元，亚马逊完成这些订单的平均成本为10.59美元。[5]亚马逊在多日达订单上赚取了可观的利润，但在快速送货方面，沃尔玛可以利用其分散的配送系统，做到比亚马逊更快、更便宜。

事实上，沃尔玛正准备以这种方式与亚马逊进行竞争。一份分析报告称：事实证明，沃尔玛正在将其实体店作为网店的仓库……这意味着沃尔玛很快将拥有美国最大、最有效的'物流网络'。到2021年年底，沃尔玛计划从1 600家门店送货……最重要的是，沃尔玛将以相对较低的成本实现这一目标……由于物流是在线销售中最大的支出，因此，两者在物流成本上的差异实际上就是利润的巨大差异。相比亚马逊的巨大物流成本，沃尔玛在物流上将会节省数十亿美元。[6]

再看另一个例子——泰格豪雅对苹果手表的应对。如前一章所述，对于泰格豪雅来说，如果它试图开发一款智能手表来与苹果正面竞争，那将是一个非常糟糕的选择。泰格豪雅无法在苹果擅长的领域中打败苹果，所以它必须发挥自己的优势，并且找到苹果的弱点，对其加以利用。事实证明，泰格豪雅找到的弱点是，苹果公司无法提供一种瑞士手表所独有的优越感，它不具备瑞士手表商所拥有的积累了近500年的机械、机芯专业知识，它无法为消费者提供这种优越感。苹果手表可能会因其卓越的功能而被抢购，但一两年后，它就会被消费者淘汰，取而代之的是一款搭载最新技术的手表。因此，苹果公司几乎不可能在其手表产品和消费者之间建立一种情感联系。相比之下，瑞士手表的卖点是情感和"恒久"的价值主张。正如百达翡丽著名的标语所说，这不仅仅是手表，这是你为下一代保管的东西。

泰格豪雅的应对战略旨在利用苹果手表的这一弱点。通过开发"模块化手表"这一方法，泰格豪雅智能腕表为消费者同时提供了传统机械表和智能手表两种功能。你可以更换手表上的模块——比如白天使用智能手表模块，晚上使用机械模块——但你永远不会扔掉手表。智能手表模块可以每一两年更换一次，而机械模块可以终生使用。与此同时，通过保留泰格豪雅的品牌名称及其独特的外观和手感，以及让泰格豪雅引以为傲的对于金属的使用，公司在与苹果的竞争中能够利用品牌的优势。现在判断这一战略是否会成功还为时尚早，但不可否认它的创造性。

因为预计谷歌和亚马逊等公司将进入银行业，比利时联合银行也采取了类似的战略。该银行多次被评为欧洲最好的银行，其首席执行官泰斯曾多次入选《哈佛商业评论》（*Harvard Business Review*）的全球首席执行官排行榜。像谷歌这样的公司可以利用他们优越的客户数据资产和分析技能，为客户提供可以与世界上任何银行相媲美的银行产品和服务，泰斯对此毫不怀疑。但在他看来，这些硅谷科技公司有一个弱点：客户不像信任本地银行那样信任它们。因此，他制定了利用其弱点的应对战略。他首先创建了自己的银行应用程序，成为客户的数字银行客户经理。传统的银行客户经理为客户做的任何事情现在都被应用程序接管。客户可以向应用程序提问，也可以请求交易。例如，这款应用程序可以通过简单的语音指令为你办理抵押贷款、购买火车票或支付停车费。该应用程序还将根据你过去的购买记录、暴露的偏好和任何给定时间的物理位置，主动提供解决方案。正如泰斯所说："这款应用程序会在任何重要的事情上给你建议和帮助。它会让你的生活更容易、更简单。过去，这些都是你的客户经理处理的。现在，你的智能手机里有一个数字银行客户经理，而且无论你去哪里，它都能始终伴随身边。"

此外，比利时联合银行积极利用大数据、分析和人工智能，向客户提供大型科技公司能提供的所有东西。根据泰斯的说法，这样做的目的是能让银行在金融服务方面宣称："不管谷歌能提供什么，比利时联合银行在这些方面都足够优秀。"然而，除此之外，他的目标是利用银行相对于谷歌公司的优势，为客户提供谷歌公司无法提供的产品和服务，如投资建议和财富管理。这些产品不是基于交易的，而交易正是科技公司的优势所在。这些产品依赖于信任和长期关系，而这是比利时联合银行等本地银行具有优势的领域。正如泰斯所说："如果我们尝试做谷歌公司擅长的东西，我们就死定了。我的目标是在他们所做的事情上和他们一样出色，在我们有优势的领域方面超越他们。"

另一个例子是任天堂在游戏机业务上对微软公司和索尼公司的出色应对。索尼公司的PlayStation和微软公司的Xbox的推出改变了游戏机市场的格局，原先的游戏机被视为玩具，它主要的客户群体是十几岁的男孩，它的游戏内容多为简单游戏，现在游戏机已经变成了需要更快处理速度和更高清晰度图像的复杂技术设备，它们面向年轻人群体，并提供更复杂的游戏。任天堂试图利用其中的弱点。游戏变得日益复杂意味着只有年轻的成年男性才会被这个行业所吸引。因此，很大一部分人群，包括女性和青少年，没有被市场考虑到。在岩田聪（Satoru Iwata）的领导下，任天堂决定瞄准这个细分市场。由此，任天堂开发出了Wii游戏机，这是一款支持简单、现实生活类游戏的游戏机，所有家庭成员，包括年龄最小的和年龄最大的，都可以快速学会并玩这些游戏。开发人员超越了技术规格，创造了一款安静、耗电更少的游戏机，让全家人可以玩任天堂制作的每一款游戏，而不必保留旧的游戏机。通过玩网球、保龄球、棒球和高尔夫球等模拟游戏，玩家可以四处走动，进行身体锻炼。简而言之，Wii拥有PlayStation和Xbox所没有的一切。这一战略的成功使任天堂重新成为行业领袖。

借鉴创新者的想法，但不要模仿

变革带来了新的机遇，如新产品、新服务、新的客户细分市场，以及新的商业模式和竞争方式。其中，有很多事情与我们正在做的事情不相符，或者是我们自己没有能力或权限做的事情。但变革也有可能会带来很好的新型经营方式，我们可以把它们整合到自己的商业模式中，以提高我们的竞争地位，或者让我们能够享受到由变革带来的机遇。因此，我们在制定应对战略时应该提出的另一个问题是我们可以从创新者的战略和商业模式中借鉴哪些想法和实践，并将其纳入我们自己的应对战略中？

我们可以先看看下面这个例子，了解英国航空公司（简称"英航"）是如何应对航空业中的变革，即低成本、不提供不必要服务的直飞模式的。易捷航空（easyJet）和瑞安航空（Ryanair）是采用这种模式的主要创新者。该模式以直达二级机场的航线为基础，并以良好的服务和低廉的价格为价值主张。它最初是通过吸引游客和家庭乘客而发展起来的，后来也吸引了短途航班上的商务人士。英航在1998年成立了一家名为GO的独立子公司，并使用与创新者相同的策略在这个市场上竞争。这一战略没有成功，GO在2001年被收购，然后在2002年并入易捷航空。英航不得不重新考虑其应对战略。

英航采取的新战略是专注于现有的商业模式，进一步提高服务质量（例如向客户提供专用的机场休息室、更频繁的航班，以及慷慨的航空里程计划），同时有选择地采用颠覆性商业模式的几个元素。例如，在欧洲大陆乘坐经济舱的乘客得到的报价就是经济舱机票的基本价格，不包括任何额外费用。如果他们愿意，他们也可以为行李或预订座位支付额外费用。他们还可以在飞机上购买食物。这些都是颠覆性商业模式的特点，即允许提供可选的低价服务。通过将它们纳入自己的商业模式，英航能够以其人之道，还治其人之身。我的意思是当创新者发起冲击时，他们声称："无论英航向你提供什么（优质的服务），我们都做得足够好，而且我们要在另一个领域（即价格）优于他们。"英航对此的回应是"在那些创新者提供给你的东西（优惠的价格）方面，我们做得足够好，而在服务上，我们比他们更胜一筹。"事实证明，从各方面看，这一战略对英航来说都是一个巨大的成功。

再来看看另一个例子，英国天空广播公司（Sky）对流媒体的应对。自1989年创立以来，英国天空广播公司在付费订阅电视领域取得了成功，凭借强大的品牌和丰富的节目组合，形成了一个忠实而利润丰厚的订阅客户群体。流媒体电视的出现对于付费电视的订阅业务模式造成了威胁。相比付费电视，流媒体电视价格更便宜，平均而言，付费电视每月的最低花费是45英镑，而流媒体电视用户的每月支出只有6~10英镑。此外，它不需要卫星天线，也不需要将有线电视线路铺设到室内。流媒体电视也更加灵活，因为它只要求客户签约一个月，而不是像英国天空广播公司那样签约一年，而且客户想要与前者终止合同也很容易。用户可以在电视、笔记本电脑和移动设备上观看流媒体内容，并拥有"更酷"的用户界面。流媒体电视提供了与英国天空广播公司不同的内容，主要是电影和电视剧，而不是体育节目，但相当多的现有英国天空广播公司订阅客户认为，它相对于英国天空广播公司的内容已经"足够好"了，许多人认为其内容已经超出了他们的需求或每月的实际消费。在内容领域，新的竞争者（如网飞和Amazon Prime）充分利用了数据分析，为客户提供了更多的个性化产品，并根据他们过去的购买行为，"推动"客户进行新的消费。新的消费者，特别是年轻一代，正在越来越多地转向这种新的形式。

这种提供内容的新方式发展迅速，并时刻有可能蚕食英国天空广播公司的高利润付费电视业务。英国天空广播公司知道不能忽视这一威胁。因此，它决定借用新商业模式中的多种元素来提供一项新的服务，以争取那些还没有订阅付费电视的客户。2012年，英国天空广播公司在英国推出了NOW TV，无须与客户签订长期订阅合同，即可提供在线直播和视频点播服务。Now TV最初只提供电影，后来增加了体育和娱乐频道。电影和娱乐频道按月收取费用，价格较低，而体育赛事则是采用即付即用的单场付费方式。与英国天空广播公司的旗舰卫星电视服务不同，NOW TV不需要签订长期合同。这项服务在德国、奥地利和意大利等其他欧洲国家慢慢推广开来。据估计，到2019年，NOW TV已经占据了英国10%的流媒体电视市场份额，仅次于网飞和亚马逊的Prime Video。

我们再来看看世界各地的零售商是如何借鉴数字创新者的创意和技术，来改善其门店提供的服务的。例如，2018年，美国杂货连锁店克罗格（Kroger）在其数百家门店引入了数字价签技术。它被称为"Kroger Edge"，以数字方式显示商品价格和营养信息，允许商店即时、远程更新货架上每种产品的信息。同样，在盒马生鲜（中国电商阿里巴巴旗下品牌），顾客可以扫描产品上的二维码来获取更多信息，包括食品的采集、采购和配送的确切日期。顾客还可以通过盒马应用程序进行支付，购物快捷方便。在法国，丝芙兰（Sephora）在其许多门店推出了虚拟艺术家服务。购物者可以用它来进行"虚拟试妆"，测试不同化妆品的效果，而不需要自己实际使用产品。届时，丝芙兰的员工会根据自己的能力和专长，为购物者提供更专业、更个性化的购物体验。在中国，七鲜超市（京东旗下的生鲜超市品牌）引入了一些技术元素来改善顾客的购物体验。例如，每家超市都有几面"魔镜"，当商品从货架上被拿起时，它们可以感应到。"魔镜"会立即显示该商品的相关信息，以帮助客户能在对商品有更多了解的情况下进行购买。超市里还有很多自动智能购物车。顾客在店里来回走动时，它们会主动跟着顾客，这样顾客就可以腾出手来做其他事情。最后，我们看一下耐克的Speed Shop服务。顾客可以在网上预订鞋子，然后他们通过一个专门的入口进入商店，在那里，他们会找到一个写有他们名字的储物柜，用智能手机可以将其解锁。顾客可以试穿鞋子，如果喜欢的话，便用手机付款，然后离开商店，他们甚至不用排队，也不用和人说话。这些都是传统零售商借鉴与数字化转型相关的创意和技术来改善自己竞争方式的例子。

淘汰那些因变革而变得不必要的东西

变革为现有企业提供了改进其商业模式的机会，除了可以增添一些新元素，他们还可以减少一些东西。事实上，创新不仅包括发现新事物，也可以包括从我们的产品中去除一些东西。这些（实践）做法和价值链活动也许是原商业模式的组成部分，但在新的环境中，它们并不是必需的，甚至有可能造成破坏。因此，在制定应对战略期间需要问的第三个问题应该是："变革可以帮助我从原有的战略或商业模式中淘汰哪些做法或价值链活动？"

最需要淘汰的对象无疑是中间商。如果有一件事是数字变革能够做到的，那就是无须中间商直接为客户提供服务。这意味着，像英航这样的航空公司可以直接面向客户进行销售，而无须通过旅行社；银行、保险公司和经纪公司可以直接联系客户，而不需要分行、销售人员或经纪人；零售商以及超市可以关闭他们的许多店铺，将销售转移到网上；教科书出版商可以直接将内容分发到学生的智能手机上，而不需要通过书店。这样的例子不胜枚举。

美国美敦力公司（Medtronic）开发的"NayaMed"平台商业模式就是一个很好的例子。NayaMed作为美敦力公司的一个独立部门成立于2012年，负责在几个欧洲国家分销美敦力的经济型心脏起搏器和除颤器，并提供区域销售和在线技术支持。NayaMed为医院提供了一种新的服务模式，该模式由电子商务平台组成，并与基于无线射频技术的库存解决方案和远程技术支持系统相连。在线库存系统可以帮助院方管理库存水平并进行自动补货。更重要的是位于瑞士洛桑的远程技术支持系统，它可以通过安装在导管室的盒子来传输程序员的语音和视频，这使得技术代表在植入手术期间和后续会议期间不必到达现场。程序员则在医院里工作。这基本上意味着，当进行植入手术时，导管室技术人员可以通过即时技术支持设备与位于洛桑的远程技术支持系统取得联系，NayaMed的技术人员将指导导管室技术人员完成其心脏节律管理设备的参数设置，以确保它有效地为患者工作。这一模式让技术代表无须在手术期间到达现场，并为美敦力公司节省了数百万美元的成本。一位分析家对此评论如下："这些设备只在网上销售，而不是通过高薪的销售代表。医生和护士的培训和支持不再是面对面的，而是网上进行的。其成本远低于主流业务。"

因变革而被淘汰不仅是中间商。当网飞进入电影流媒体市场时，它大大地减少DVD的邮寄分发。诚然，这种转变并没有像网飞预期的那么顺利，但它最终还是实现了。类似地，当汽车商人集团（Auto Trader Group plc）从一家面向汽车销售商的英国印刷杂志转型为一家在线杂志时，它逐步淘汰了自己所有的区域性杂志，并将所有内容整合到一个全国性网站。社交媒体的使用还可以大大减少杂志的广告宣传预算。例如，据估计，在社交媒体上，公司可以实现以不到3美元的价格将信息传播给1 000名消费者。 相比之下，直接邮寄的单位传播成本57美元，广播电视则需要28美元。这意味着开展有效的社交媒体活动可以取代传统媒体上的广告策略。

创造你的竞争方式和战场

正如我们本书中多次指出的那样，我们不仅要把变革当作一种威胁来抵制，而且要把它当作一种机会来利用。例如，颠覆性的商业模式除了会蚕食既有市场，也会在既有市场的外围创造全新的市场。同样，新技术会破坏现有的价值链，但也会为公司创造全新的竞争方式。这是创新的沃土，在制定应对战略时，公司应该将这种思维方式纳入整体分析中，这是就需要提出第四个也是最后一个问题："我们如何利用变革来创新我们的竞争方式或战场？"

做不同的事情

创新可以采取两种形式：做不同的事情，或者用不同的方式来做同样的事情。首先，让我们谈谈做不同的事情。毫无疑问，正是由数字变革所产生的一系列因素，让许多公司得以进入20年前他们还无法涉足的市场。例如，我们看到沃达丰（Vodafone）进军非洲银行业，[10]丰田汽车公司（Toyota）进军智慧城市设计和建设，[11]苹果公司进入医疗保健行业，[12]谷歌进入零售银行业务，[13]亚马逊进入视频游戏制作行业，[14]索尼开始试水汽车业。[15]促成这些不相关的多元化发展的原因有两点。第一点是大量可访问的客户数据。相对于其他更传统的资产（如技术，只能在其所属领域相关的市场上进行利用），客户关系和数据则在远离核心市场的领域也能被充分使用。第二点是生态系统和新技术。过去，企业必须自己生产所有产品，并在一个等级体系内管理不同的业务，而今天，它们可以依靠生态系统，无须自己生产，就可以开发产品和服务。他们也可以使用新技术来做他们以前不能做的事情。例如，像巴比伦（Babylon）这样的公司可以利用人工智能为患者提供定制服务和建议，而无须聘用一名医生。

这些变化意味着公司现在可以制定出超越其原有业务的应对战略。微软公司就是一个典型的例子。自2014年以来，在纳德拉的领导下，微软公司成功转型的一个关键支柱就是进入云计算领域。向大企业客户租售其在线存储和在线计算业务与提高软件销售（现在是出租）的核心业务毫无关系。然而，这是一项巧妙的多样化经营举措，它利用了客户关系等方面的优势。德国出版公司Axel Springer在过去15年的成功转型也是如此。在世纪之交，德国出版公司报纸和杂志业务的迅速衰落意味着它的分类广告业务正在消亡。作为应对，德国出版公司进入了"数字分类广告"业务领域，这实际上意味着它开发了在线市场，将产品（如房屋、汽车和就业机会等）的买家与卖家联系起来。这些平台往往是赢家通吃的业务，所以通过提早行动，Axel Springer得以垄断市场。它在几个国家创建了类似的平台，这使它能够分享知识和技术。这些平台现在占公司盈利的大部分，并为其他产品和服务创建了类似的市场，而不再服务于传统的新闻业务，这一领域被视为该组织未来的发展方向。

用不同的方式做同样的事情

我们可以利用变革来创新的第二种方式，是在我们的核心业务中采取不同的做法。这种方式旨在超越"借鉴"和"淘汰"的战略，为我们如何在核心市场上竞争找到全新的方法。比如，农机设备供应商美国约翰迪尔公司（John Deere）正在利用大数据来颠覆农业。一份报告称："（约翰迪尔）发布了几种产品，可以将约翰迪尔的农机设备相互连接，也可以将其与所有者、经营者、经销商和农业顾问连接起来。这种互联互通有助于农民提高生产率和效率。约翰迪尔公司在他们的设备上添加了传感器，以帮助农民管理他们的车队，减少拖拉机的停机时间，并节省燃料。这些信息与历史和实时天气数据、土壤条件、作物特征和许多其他数据集相结合起来，显示在其网站平台以及iPad和iPhone上的移动端应用程序中，以帮助农民确定何时何地种植何种作物、何时何地犁地、哪里的作物能得到最好的收成，甚至如何确定在耕作时要遵循的路径。"[16]简而言之，约翰迪尔已经从一个农机设备供应商转变为一个农业解决方案的供应商。

从产品到解决方案，是许多行业的转型主题。瑞典企业集团亚萨合莱（Assa Abloy）已将其核心业务从提供钥匙转变为提供开门解决方案。德国农机制造商克拉斯（Claas）已经将自己转型为农民的数字个人助理，帮助他们利用互联技术和数据来优化农场操作。通用电气（GE）成立了一个数字部门，开发互联网时代的云软件，以帮助客户维护和修理他们的机器和重型设备。施耐德电气（Schneider Electric）通过开放物联网平台，从一家纯硬件供应商转变为一家能源管理供应商。奥多比（Adobe）从销售软件包转向提供数字体验、商务平台和分析服务。

重新定义业务，从供应产品转型为提供解决方案和服务，是我们在核心业务上创新的常见途径。荷兰国际集团（ING）提供了另一种方式。其数字化转型的目标是成为一个银行业务平台，连接买家和卖家，并且提供第三方产品。通过利用自己庞大的数据库和数字技术，荷兰国际集团一直在打造这个平台，希望成为客户金融相关需求的"首选之地"。比利时联合银行则更进一步。首先，通过自己的银行应用程序，它为客户提供一个移动的、声控的平台，将他们与网上商店连接起来。其次，它还分析其庞大的客户数据，制定解决方案，并在客户意识到自己需要这些解决方案之前提供给他们。比利时联合银行的目标是从人工智能和数据驱动的组织转向解决方案驱动的组织。

创新是关键

本书提供的框架只是制定应对战略的一种方法。上述这四个方面并不是问题的全部，组织也不必只基于其中一个方面来全力应对。将这四个方面结合起来应对，可能会产生更佳的效果。例如，你可以从创新者的商业模式中"借用"一些想法来改进你的商业模式，同时，你也可以提出一些方法来利用创新者商业模式中的弱点。同样地，你可以借鉴一些想法来改进你的经营方式，同时淘汰不再有意义的价值链活动，并采用一些激进的方式来革新你的方法。因此，这四个问题可以为你提供一些灵感，你应该利用它们来改进你的决策，而不是对你的决策进行限制。但是，所有的想法都必须满足一个关键的要求。如前一章所述，有效的应对战略最重要的特点是它的创新性。一项有效的战略必须避免模仿其他人在应对变革时的做法，并应该帮助企业尽可能地实现差异化。这意味着在对上述四个问题进行回答的过程中，你所探寻的答案必须是创造性的、打破常规的。

这自然而然提出了一个问题："我们如何提高企业的创造力，从而制定出创新的应对战略？"这是商业领域中研究最多的主题之一，实际上，人们已经提出了数百种想法、战略和框架来帮助管理者制定创新的战略或商业模式。[17]例如，畅销书《蓝海战略》（*Blue Ocean Strategy*）针对企业如何制定真正的创新战略，提出了六种分析方法，包括跨越替代产品、跨越战略集团、跨越买方链、跨越互补性产品、跨越产业的功能与情感导向、跨越时间。[18]类似地，另一本畅销书《竞争大未来》（*Competing for the Future*）则提出了五种开放思维的策略：摆脱服务市场的暴政、重新定义你所从事的业务、寻找创新的产品概念、推翻传统的价格和性能假设、采用远征式（探索式）营销。[19]最近的一次研究指出了四种可能的创新策略方式：与传统智慧相矛盾，将传统上独立的产品或服务结合起来，将限制、责任或约束转化为机会，以及从遥远的行业或学科中获得灵感。[20]这种罗列可以继续下去，其可能性是无穷无尽的。我在图8.2中列出了其他20种用于制定创新应对战略的技巧。

- 使用分析技术，如五种力量或价值曲线
- 使用开放式创新和众包模式
- 重新定义你所在的行业
- 使用类比法
- 采取与行业内公认的假设相反的方式，并在此基础上加以发展
- 使用创造性的重组技术
- 对你的业务提出"谁""什么""怎样"等问题
- 找出并利用对手战略中的弱点
- 制造积极的危机，引发积极的质疑
- 使战略过程民主化
- 像创业家或新进入市场的人一样对待你的行业
- 识别并利用你的核心竞争力
- 挑战并摒弃你的行业中常见的无稽之谈
- 从其他行业、学科或历史中汲取灵感
- 识别并克服行业中的制约因素
- 从业务的其他部分转移能力
- 将战略过程中的多样性原则制度化
- 使用爱德华·德博诺（Edward de Bono）的六顶思考帽技术
- 采用你喜欢的利益相关者的观点，如你的客户或监管机构
- 与邻近市场的非客户或公司交谈

图8.2　用于制定创新应对战略的技巧

多样性原则

　　面对这么多可供使用的技巧，公司应该选择哪一种或哪几种？答案很简单：这并不重要。关键不是要找到"最好的"的技术，因为这样的东西并不存在。关键是要在你的战略过程中将多样性原则制度化，从而能够为上文列出的所有的技巧都打好执行的基础。这有点拗口，让我来解释一下。首先，什么是多样性原则？"多样性原则"指当我们从不同的角度来处理问题时，创造力就会增强。这不是什么艰深的学问，而是我们可能从小就学到的东西。它也可以应用于我们面临的任何问题当中，而不仅是商业问题。爱德华·德博诺提出的"六项思考帽"是试图将这一原则应用于管理的最广为人知的技巧之一。[21]支撑多样性原则的逻辑是当我们形成一种主导思维方式后，我们就会成为被动的思考者。换句话说，我们不会再以一种积极的方式去思考问题，在任何关于这种主导思维的讨论中，我们都只会神游。因此，要"唤醒"大脑进入活跃的思维状态，我们需要摆脱我们的主导思维方式，而最好的方法就是从一个新的起点（即一个不同的视角）开始我们的思考。因为大脑不习惯以这种不同的方式进行思考，所以，如果我们强迫它从一个不熟悉的起点开始，它就能恢复到活跃的思维状态。这增加了我们想出新创意的概率。

在你的战略过程中纳入多样性

我们如何将多样性原则应用到我们的战略制定中？简单。我们不要仅仅使用一种图8.2中所列出的技巧，或者寻找其他的"最优解"，而是应该使用其中的多种策略，而且多多益善。每当我们从一种技巧转换到另一种技巧时，我们的大脑便会从另一个不同的角度开始思考，这将引发更积极的结果。这个方法虽然听起来很简单，但实际上我们大多数人都不会去这么做。这就是为什么我在前面建议将这一原则制度化的原因。当某件事成为组织文化或流程的一部分时，就意味着它被制度化了，这表明它已是组织的常规操作，并具有半自动化的性质。最终，它会自然而然地发生，而不需要人们去主动思考。因此，战略设计的过程中，高层管理者应尽可能多地使用图8.2列出的技术。例如，开始的时候，我们可以先选用某一种技巧来制定战略。在形成了一些想法后，就切换到另一种完全不同的方法或技术。之后，也一直保持更换新的方法，直到使用了其中的8~10种。为了最大限度地发挥作用，我们还可以要求不同的人使用不同的技术。这样，不仅在思考过程中会产生多样性，在思考的人员上也会体现出多样性。

通过在战略制定的过程中纳入多样性来改进我们的战略显然很重要，但我们不应该错误地认为，单凭这一点就足以产生创新的战略。事实上，制定更好战略的过程需要一部分计划、一部分直觉和一部分试错。只有浪漫得无可救药的规划师，才会认为仅靠分析就能创造出高超的战略。同样地，如果我们自以为不需要分析，而只靠直觉和试错就足以产生成功的战略，那也是愚蠢的。这三者都是制定战略的基本要素，都应该成为我们战略进程中不可或缺的组成部分。我们将在下一章讨论实验的重要性。

组织是否需要新的业务部门？

在制定应对变革的战略时，任何组织都必须做出的一个最重要的决定是，他们是否要通过一个独立的单位来实施应对战略。许多航空公司选择通过创建一个独立的部门来应对低成本、无额外服务的商业模式，如澳洲航空公司（Qantas）和新加坡航空（Singapore Airlines）；还有一些银行也采取这种方式来选择应对数字银行的冲击，例如西班牙国际银行（Santander）和法国巴黎银行（Paribas）。这一决定会受到多个因素的影响。其中一个因素是最高管理层对现有的经营方式在面对变革时将如何发展的评估。如果最高管理层认为现有的方式没有前途，那么最好是创建一个独立的部门来发展未来的业务，同时让核心业务部门专注于管理其逐渐衰落的业务。报业公司可能是这种思维方式的采用者。如果你认为印刷业务正在慢慢淘汰，那么通过设立独立的部门来发展公司未来的业务就是有意义的。这也未必是唯一的选择，美国的《纽约时报》（*The New York Times*）和英国的《卫报》（*The Guardian*）等公司显然选择了不同的战略。然而，对核心业务前景的悲观评估，无疑是影响"是否建立一个独立部门"这项决策的关键因素之一。

另一个因素是公司追求由变革所创造的市场的积极性。毫无疑问，创建一个独立的部门将有助于组织产生更快的决策和创业行为，而这在大型的、成熟的公司中是不常见的。因此，对于一个大公司来说，它追求一个新市场的积极性越强，就越有可能通过创建一个独立的部门来实现这一点。

还有一个影响决策的因素是核心市场的现有竞争方式与新市场的竞争方式之间是否存在冲突。例如，新市场的增长可能会以牺牲核心市场为代价，这将会产生内部蚕食的冲突。同样，新的竞争方式可能会削弱现有的分销商，这反过来可能会损害核心市场。冲突的存在意味着核心业务组织及其管理者往往会发现，新商业模式的发展是以牺牲他们的利益为代价的。因此，他们会想限制新商业模式的发展，甚至将其完全扼杀。创建一个独立的部门来发展新的市场可能是管理冲突的一个好方法。将两种商业模式分开可以防止公司现有的流程和文化遏制新的商业模式。新部门可以发展自己的文化、流程和战略，而不受母公司的干扰。它也可以按照自己认为合适的方式管理业务，而不会被母公司的管理人员因随时可能被威胁和渠道冲突去遏制其发展。

与核心业务相关联

只是创建一个独立的部门并不能确保组织的战略能够成功。在创建新部门之后，公司仍然必须想办法在新的部门中利用其现有的优势（如其品牌名称、财务资源和行业经验）。从这个意义上说，我们需要问的不是"新部门是否应该独立运营"，而是"在我们价值链中，哪些活动需要切割，哪些活动需要保持整合"。这个问题有五个方面需要考虑。[22]

1 地点：独立部门的地理位置应该靠近母公司还是远离母公司？

2 名称：独立部门是否应采用与母公司相似的名称（如美联航），还是应采用完全不同的名称（如英航在命名其独立部门时，采用了GO这个名称）？

3 股权：该部门应该是母公司的全资子公司，还是母公司应该只拥有该部门一定比例的股权？

4 价值链活动：哪些价值链活动应该由该部门自己开发，哪些应该与母公司分享？这个问题最常见的回答是——组织可以允许该部门发展自己的专门面向客户的价值链活动，但它必须与母公司分享其后台活动。然而，这可能不是每个公司都适用的解决方案，我们必须具体情况具体分析。

5 组织环境：是否应该允许该部门发展自己的文化、价值观、流程、激励机制和人员，还是应该与母公司共享这些内容？同样，最常见的解决方案是组织可以允许该部门发展自己的文化，但它必须采用共同的价值观将母公司和该部门联合起来。然而，这可能并不适合每家公司，所以这也是需要具体情况具体分析的。

确保新业务有独特的战略

除了决定哪些活动要切割，哪些活动要保持，公司还必须决定新部门应该采取什么战略。母公司必须避免将核心业务的战略"输出"给新部门。把公司的优势、能力和知识转移到新部门的愿望是可以理解的，但这并不意味着核心业务的战略也必须转移到新部门。而令人没有想到的是，许多成熟的公司都犯了这个错误。人们很容易认为，被变革所创造的市场只是既有市场的延伸。毕竟，航空业中的低端市场和既有市场之间有什么区别？它们不就是同一个市场的两个细分市场吗？如果企业以这种方式开始思考，他们就会自然而然地把进入新市场作为既有市场的延伸。因此，他们不会像创业家那样从头开始思考如何进入市场，而是专注于如何在新市场中利用现有的资产。他们不是从新市场的实际情况出发，然后据此设计适合新市场的战略，而是立足于他们在既有市场中所拥有的东西，试图将其转移到新市场中。因此，他们往往会模仿创新者的成功商业模式，并试图利用现有优势在竞争中胜出。

为了取得成功，企业需要有足够的警觉性，并认识到即使新市场看起来与既有市场相似，也只是一种假象。因此，他们应该像创业家一样对待新市场，问问自己："如果我要进入这个新市场，应该采取什么策略？"他们的目标应该是抢占新市场，而不是专注于捍卫自己的现有市场。而且，我们已经从研究中得知，那些在进入新市场时没有采取创新商业模式的企业，几乎总是以失败告终，而采取激进的新战略进入新市场的老牌公司则有更大的成功机会。[23]

你的新战略会有效吗？

1988年，让·保罗·盖拉德（Jean Paul Gaillard）离开菲利普·莫里斯公司（Philip Morris），成为雀巢奈斯派索（Nespresso）的商务总监。雀巢公司（Nestlé）从1976年就开始研究奈斯派索咖啡的概念。1986年，它终于在日本测试了这款新产品，并于同年将其引入瑞士市场，结果却大败而归。一个季度又一个季度，其销售额始终明显低于目标，高层管理者重振公司的努力似乎都没有奏效。没过多久，奈斯派索在市场上便声名狼藉，雀巢内部的员工开始把它称为"黑洞"——公司把钱投入进去，却什么都得不到。情况非常糟糕，以至于在盖拉德加入奈斯派索的几周后，雀巢就打算放弃这个子品牌。[24]这让盖拉德非常吃惊，但他并没有因为沮丧而放弃，而是请老板多给他一些时间来为奈斯派索开发新的战略。接下来发生的事情，大家就都知道了。盖拉德彻底改变了Nespresso最初的市场定位和战略，使其走上了高速增长和盈利的道路。如今，它已是雀巢投资组合中最强大的品牌之一，也是其最赚钱的部门之一。

毫无疑问，盖拉德制定的战略是对奈斯派索原有战略的彻底突破。例如，他将奈斯派索的定位从大众市场转变为奢侈品；将咖啡机的销售渠道从家用电器商店改为面向高端零售商，如哈罗德百货（Harrods）和布鲁明戴尔百货（Bloomingdale's）。他将咖啡胶囊的分销从超市售卖改为会员订购；将目标客户从企业团购改为面向个人；他还将该业务拆分为咖啡机业务与咖啡业务两个部分，并将前者分包给克虏伯（Krupps）和飞利浦（Philips）等制造厂商。现在，我们都知道新战略取得了巨大的成功，但在刚刚引入这项战略时，它简直就是一场豪赌。是什么让盖拉德有信心实施它？更重要的是，是什么让雀巢公司有信心投资它？

用盖拉德自己的话来说："你当然可以通过市场调查来验证你的想法，但我认为，当涉及真正的新事物时，市场调查并不是特别有效。市场调查的作用只针对那些已经存在的事物，消费者只能就他们已经知道的东西给你有意义的反馈。对于真正创新的东西，你最好直接在市场上进行一下测试。因此，为了确保我的想法是可行的，我们以有限的方式进行了一些尝试，以确保它们有效。例如，我提议将目标客户从公司改为个人，但遭到了高层管理者的反对。于是我说：'好吧，让我们来尝试一下。'我们去了好几个家电卖场，日内瓦两个，洛桑两个，尼翁一个，并开始向卖场的散客推销奈斯派索咖啡机。我的目标是用一周的时间来试行这个战略，并尽可能达到一个足够高的水准，以便引起高层管理者的注意。没过一周，我们就看到作为个人的消费者们对我们的产品做出了热情的回应。"

这个故事凸显了任何拥有新战略的组织所面临的关键挑战，

即如何知道你的战略是否是一个好的战略，以及如何说服组织的其他成员跟随你。对于真正的创新战略来说，这尤为关键。正如我在本章中反复论述的那样，一个有效的应对战略必须避免模仿东施效颦，并应该帮助企业尽可能地实现差异化。换句话说，它应该是一种创新的战略。想象一下，你已经成功地制定了这样一个创新战略。你接下来的任务是评估它是否优秀，并说服组织的其他成员跟随你。你如何做到这一点？正如奈斯派索的案例所强调的，实验可以成为测试新战略和说服他人接受它的有效途径。这一点没有错，但人们可能忘记了有好的实验，也有愚蠢的实验。你如何确保自己能设计并进行一个聪明的实验，特别是在你尝试新战略的时候？我们接下来将谈谈这个话题。

测试你的应对战略

如何以一种巧妙的方式进行实验

　　一个有效的应对战略必须使企业既能够抵制变革，也能够利用它，以便让企业在新的行业环境能够重新对自身进行定位并实现差异化。一旦制定了这样的战略，组织的挑战就变成了如何说服员工，让他们相信这是正确的战略。此外，没有任何战略从一开始就是完美的，所以我们需要确保自己不断地从市场中学习，并进行相应的调整。如何知道你的战略是否正确？如何说服别人支持你？实现这两个目标的方法是实验。与其无休止地争论一个想法是好是坏，为什么不以快速和低成本的方式在市场上进行尝试，看看它是否有效？这个方法没有什么争议，因为我们都知道实验有很多优点。然而，每项实验又有所不同，一些实验要比其他实验更好。一个巧妙的实验和一个不那么巧妙的实验之间有什么区别？要回答这个问题，我们可以通过研究下面这两个案例：一个成功的实验和一个失败的实验。

例1：易影院（easyCinema）

　　2003年5月，易捷航空的创始人斯特莱昂斯·哈吉埃努（Stelios Haji-Ioannou）创办了一家名为易影院（easyCinema）的新公司。该公司的目标是颠覆电影行业，就像易捷航空在航空业上所做的那样。据他们观察，每一场电影放映，平均只有五分之一的影院座位被售出，而且去影院看电影的成本太高。基于这个前提，易影院公司开发了一种新的商业模式。该模式采用动态定价，即根据影响观影需求的因素来确定票价，这些因素包括电影的受欢迎程度、顾客看电影的日期和时间，以及电影的档期。因此，该公司能够最低以20便士的价格提供电影票，而当时伦敦一部电影的平均票价为10英镑，另外，爆米花和可乐的小食套餐的平均价格为8英镑。该公司定的最高票价尚不清楚，但据称不会超过5英镑。此外，易影院的理念是低成本运营。例如，影院没有售票柜台。顾客在网上购票，打印收据，然后使用收据上的条形码进入影院。此外，影院没有设置员工来为顾客提供服务。影院也没有饮料、冰激凌或爆米花出售，如果顾客愿意，他们可以自己携带食品。在电影结束时，影院鼓励顾客自己清理垃圾，就像他们在易捷航空的航班上做的那样。

由于新的商业模式比较激进，并且打破了常规，因此易影院公司决定先在有限的范围内进行一些尝试，然后再向市场正式推出。在最初的实验中，公司在伦敦以北一小时车程的小城市米尔顿凯恩斯找到了一个拥有10个屏幕的多厅影院。公司租用了它三年，并将其改造为一家易影院。影院最初很难获得大电影的放映权，因为大发行商并不打算向一家使用收益率管理模式的公司发行新电影。不过，通过放映一些独立制片人的电影，这家易影院最终还是得以开始运营。新影院受到了国内外的关注，几家电视网络都花了大量的时间来讨论它。在启动日当天，包括日本和美国在内的8个国家的电视摄制组都到现场报道了它。哈吉埃努本人也花了很多时间在新闻节目上现身说法，接受报纸采访，来宣传公司的新电影院。

这项实验进行了三年。在最初的几个月里，它吸引了大量的观众，但其热度并没有持续下去，即使影院之后成功地以固定的价格获得了不少电影的首轮放映权，也没能保持住热度。影院在餐饮方面也有所松动，开始提供爆米花和饮料，但这仍不足以扭转其上座率的下降。这家易影院于2006年5月关闭，之后，易影院公司也没有根据此次实验的经验，尝试在其他地区重新启动这一项目。也许这本身就是从实验中获得的经验：易影院这个商业模式行不通，应该终止。然而，这并不是哈吉埃努在关闭影院时所说的。与之相反，他仍在抱怨那些拒绝向他发行电影的主要发行商，并暗示他可能会对他们采取法律行动。他还认为，如果在伦敦进行这项实验可能会比在米尔顿凯恩斯更好。

我们能从这个例子中学到什么呢？易影院在对其战略投入大量资源之前先进行了实验，我们现在要做的是，评估该实验是不是一个好的实验。做实验是我们一直向企业推荐的。具体来说，我们建议企业在投入大量资源实施新战略之前，先对新战略进行实验，并利用实验中所获得的经验来改进它。如果我们通过实验得知这个策略注定会失败，那就顺其自然，放弃这项战略，然后继续前进。至少我们给自己省了很多钱，也省了很多麻烦。从这个意义上说，我们不能用易影院实验的"失败"来证明这个实验不好。也许这项实验就是为了告诉我们易影院的商业模式是行不通的。因此，抛开实验结果不谈，我们如何评估一个实验是否是一个良好的实验？

它是个好实验吗？

抛开实验结果不谈，我们依然可以对实验的好坏做出评估，比如，易影院就是一个糟糕的实验。为了更好地理解这一点，让我们进行一个思维实验。想象一下，如果你试行了易影院模式，结果，影院在6个月后就关门了——即使你的票价最低只有20便士，也没有观众愿意去你的影院看电影。于是，你和你的管理团队一起坐下来，尝试了解影院经营失败的原因。你让你的管理团队给出他们自己的分析。一个人说，在他看来，失败可以归咎为地点。由于种种原因，米尔顿凯恩斯不是尝试这种新概念的合适地点。而这时，其他人加入讨论，表示不同意这个观点。有人认为，失败与地点无关，而是与"产品"有关。电影是一种体验商品，而我们让顾客失去了先前的观影体验。如果他们想以低成本观看一部电影，他们完全可以在家里看DVD。这时，又有另一位管理者提出意见，她认为前面提到的两个因素都不是我们无法吸引顾客的真正原因。在她看来，真正的原因是我们不能给顾客提供大型制片厂制作的大片。不用说，这种讨论会持续很长时间。问题是：我们知道这些管理者中谁说的是正确的吗？我们知道这些因素中哪些是导致失败的真正原因吗？我们不知道。这些因素可能都是正确的，也可能都是错误的，可能某个未提及的原因才是导致我们失败的罪魁祸首。因此，我们明明进行了一场实验，并且希望能得到一些验证或经验，但我们最后从中获得了什么呢？什么都没有。

如果实验的结果不是完全失败而是巨大的成功呢？想象一下，如果影院经营得非常成功，然后你再一次和你的管理团队坐下来，分析取得成功的原因。你要求你的管理团队给出他们的评估。有人说，是低价吸引了顾客；还有人说，是这种模式给顾客提供了一种新奇的体验；还有一些人认为，是地理位置的原因，不像伦敦市中心，米尔顿凯恩斯的消费者普遍更喜欢廉价的商品或服务；而另一些人则认为，是因为我们放映的影片足够小众。同样地，这种讨论会一直进行下去，而问题也还是之前的那个问题：我们知道这些管理者中谁说的是正确的吗？我们知道这些因素中哪些是成功的真正原因吗？我们不知道。我们明明进行了一场实验，并且希望能得到一些验证或经验，但我们最后从中获得了什么呢？什么都没有。

可能会有人说，我们对实验的要求太过苛刻了。我们不知道实验失败或成功的具体原因又有什么关系呢？我们做实验的目的难道不是为了知道某件事是否有效，而不管具体因素是什么吗？是的，我们想知道某件事情是否有效，但我们也需要知道它为什么有效或无效。即使它运行良好，也可能存在可以改进的地方，所以我们需要知道是哪些地方还可以改进。即使失败了，也可能是因为其中有一两件事需要改进，一旦我们改进或改变它们，组织新试行的商业模式可能就会运转良好。如果不给它一个改进自己的机会就把它放弃，这是很可惜的。因此，实验的目的不仅是要做出是或否的决定，还要了解商业模型的各个组成部分，并对其进行改进。此外，实验结

果也可能是运气所致。如果是这样的话，我们可能会因此而错过一个
完美的商业模式，或者投资一个很快就会带来糟糕结果的商业模式。
为了做出明智的决策，我们需要了解导致实验结果的具体原因。

　　所以，易影院这项实验的问题是什么？为什么我们最终没有从
实验中获得易影院的概念行不通的原因？对于任何在实验室中做过
科学实验的人来说，答案都是显而易见的。这项实验存在太多的变
量（也就是说，它们不是恒定的），所有这些变量都可能影响实验
结果。因此，我们无法知道这些变量中哪些重要，哪些不重要。我
们看看在刚才的案例中，这个问题究竟意味着什么。与任何新的商
业模式一样，易影院的概念存在许多不确定性。例如，以低廉的价
格提供电影票，但不提供任何额外服务，这样的价值主张是否会吸
引足够多的顾客？这种模式是否能让大型电影公司和发行商把他们
的片源租给他们？如果他们提供爆米花和饮料，是否会有不同的效
果？如果易影院将其最低票价定为99便士，这一价格是不是也足够
令人惊喜？他们能否在合理的预算范围内为电影院配备几个工作人
员？易影院这个概念是在更为富裕的、国际化的伦敦更有吸引力，
还是在较小一些的、不那么富裕的城市更有吸引力？我们不知道这
些问题的答案，我们的目的就是通过实验来找出答案。诚然，一些
不确定性可以通过基本的市场调研来解决，但无论进行多少市场调
研都不可能消除所有的不确定性。问题是如果我们的实验在所有这
些不确定性都存在的情况下进行，我们将无法知道是哪些因素导致
了最终的结果。是地点，是价格，还是服务和产品？我们不可能仅

凭一次实验就找到影响最终结果的因素。

如何解决这个问题？一种可行的方法是先列出你的商业模式中主要的不确定因素。识别这些因素的最好方法是注意那些在高层管理者中引起最激烈的讨论和分歧的话题。例如，如果高层管理者不能就哪个城市更适合易影院的商业模式（选伦敦还是选米尔顿凯恩斯）达成一致，你就知道"地理位置"是你需要解决的一个主要不确定性因素。一旦你列出了这个清单，就要确定这些不确定因素中有哪些可以通过市场调研来解决，而无须进行实验。例如，你不需要通过实验来了解主要发行商是否愿意向你出租他们的电影。这是你和他们聊聊就能确定的事情。用市场调研消除不确定因素是很关键的一步，因为其余的不确定因素都需要通过实验来消除。大量无法通过市场调研消除的不确定因素将意味着组织必须进行大量的实验，这是非常昂贵的。在将不确定因素进行筛选、过滤后，我们就可以设计实验了，每个实验都只能聚焦在一个不确定因素上。在保持所有其他不确定因素不变的情况下，你需要将想要研究的变量分别设置在两个不同的水平，然后依次进行实验。例如，如果你想知道影院的地理位置是否重要，那就可以在伦敦和米尔顿凯恩斯分别进行一次易影院实验。这样，两次实验结果的差异便只能归因于地理位置的选择。同样，如果你要研究的不确定性因素是额外的餐饮服务，你应该先在不提供爆米花和饮料的情况下再进行一次实验，然后，在同一地点，在提供爆米花和饮料的情况下再进行一次实验。同样地，两次实验结果的差异将只与这种不确定性因素相关。

　　这就是解决实验中存在太多变量的一种方法，现在你应该对这个方法有所认识了。这种方法需要进行多次实验，逐一地解决每一个不确定性因素。但这样既昂贵又耗时，甚至可能还会让客户感到困惑。当然，有一些方法可以解决这些问题，例如，易影院可以将它的10个影厅中的每一个都作为不同的实验样本，并在这10个影厅同时进行实验以节省时间。或者，你可以选择在远离市场的某一区域进行实验，这样的话，即便实验失败，这些尝试也不会让客户感到困惑或损害品牌的声誉。这就是奥多比在考虑是否要将其商业模式转变为订阅模式时选择的做法。它选择在澳大利亚测试其订阅模式是否可行，而澳大利亚与其核心业务所在的美国相距非常远。然而，毫无疑问，进行多个实验来逐个测试每个不确定因素的策略是昂贵且耗时的。是否还有其他方法来进行实验呢？让我们来看一下Rent the Runway的例子。

例2：Rent the Runway

　　Rent the Runway（简称RTR）由哈佛大学商学院的两位学生詹妮弗·海曼（Jennifer Hyman）和詹妮弗·弗莱斯（Jennifer Fleiss）于2009年11月创办。RTR通过其平台RTR Reserve向客户出租设计师品牌服装，租期为4天或8天，这些服装的租金则只有其售价的零头。它还提供包月订阅服务。每件租借的衣服都有备用尺码，订阅客户不需要支付额外的费用来调换尺码。租金还包括衣服的干洗和保养费用。该公司也出租童装、箱包和珠宝等配饰，另外还销售紧身衣和化妆品等这类女士基本必需品。除了在线业务，它在纽约、华盛顿特区、芝加哥、洛杉矶和旧金山开设了5家实体店。顾客可以到任何一家实体店进行咨询或租用服装。顾客也可以提前预订衣服。在2019年3月的最后一轮融资中，该公司的估值超过了10亿美元。

RTR的商业模式基于这样一个前提：女性更愿意租赁而不是购买设计师品牌服装。这取决于设计师是否支持这一想法，即是否愿意"允许"他们设计的服装被出租。对设计师来说，以低于售价很多的价格出租服装，极有可能会蚕食其利润丰厚的零售业务。当然，设计师也无法阻止人们把自己购买的服装租出去，但RTR不想在大牌设计师们对此颇有微词或反对的情况下开展公司业务。因此，两位创始人决定在正式开始之前先试试水。她们首先联系了颇具影响力的时装设计师黛安·冯芙斯腾伯格（Diane von Furstenberg），征求她对于服装租赁这一业务模式的意见。她们最初的计划是让设计师通过自己的网站出租服装，RTR则提供仓库管理和客户服务业务，并收取一定费用。冯芙斯腾伯格对此反应冷淡，这促使两位创始人修改了她们的计划，转而采用目前由RTR自己进行服装采购和租赁的模式。与其他设计师的会面交流又让两位创始人对其业务模式进行了其他方面的修订。例如，她们早期的目标客户是较为成熟的女性，她们接触过设计师品牌服装并且有一定的购买力。在与设计师进行交流后，她们意识到此举会对名牌服装的零售市场造成极大的冲击。因此，她们决定把重心放在年轻女性身上。年轻女性通常不会购买设计师品牌服装，但通过把服装租赁给她们，设计师有机会让这些年轻女性了解自己的品牌，从而让她们成为未来的买家。此外，两位创始人的初衷也并不是直接购买这些服装，而是通过利润分成的方式从设计师那里借来。但设计师们更喜欢由RTR直接购买服装，于是她们就放弃了这个想法。

这个概念中一个很大的不确定性因素是女性是否愿意租赁服装。为了评估这一需求，两位创始人邀请了140名哈佛大学学生参加她们在哈佛大学宿舍举行的"时尚活动"。在这次实验中，到场的125名女性可以试穿由15位设计师设计的130件礼服，这些礼服的租金为35~75美元。这个活动鼓励女性去试穿时装并征求造型建议。截至活动结束时，参加活动的女性中有34%的人决定租一件礼服。这次实验表明，女性愿意租衣服，但如果她们没有机会先试穿这些衣服的话，她们还愿意这么做吗？为了验证这一点，两位创始人又在耶鲁大学组织了另一场实验。在这个实验中，人们仅仅可以看到服装，而不能对其进行试穿。最后，参加实验的所有女性中有75%的人决定租一件衣服，这支持了如果女性不先对服装进行试穿也会租服装的观点。在哈佛大学和耶鲁大学进行的两项实验中，租用服装的女性都收到了预先写好地址的回信信封，让她们把裙子寄回，其目的是测试通过邮寄退还服装是否可行。事实上，所有的衣服都在两天内被归还，其中只有两件衣服有轻微的污渍。最后，为了评估女性是否会在线上购买服装，RTR向1 000名女性发送了带有服装图片的电子邮件，并写明她们可以通过拨打电话租到这些服装。即使只有5%的人因此租衣服，这个数字也高于使这项服务盈利的目标水平。

在实验结果的鼓舞下，两位创始人获得了融资并准备启动这个项目。在项目正式推出前一周，该公司邀请了约5 000名会员对其提供的测试版服务进行体验。通过这次测试，RTR发现客户对公司的业务还存在许多疑问，并且需要造型指导。因此，它加强了其客户服务团队，以处理客户提出的问题及要求。2009年11月公司正式推出该项目时，RTR的库存只有来自30位设计师的800件礼服。她们当时的想法是使用"最小化可行产品方法"[2]来启动业务，一旦这个想法被证明是成功的，就扩大规模。项目开始时，RTR给百货公司让出了几周的独家销售时间，以售卖其将要出租的同款服装。这样做的目的是最大限度地减少设计师品牌的自身蚕食现象。然而，头几个月收集的数据显示，在零售商店获得额外销售的机会远远超出了出租与零售自相残杀的风险。基于这些数据，大多数设计师放弃了设立百货公司独家销售窗口的要求。此外，早期阶段得到的客户反馈，促使RTR重新设计了网站的欢迎页面和结账流程。

"巧妙的"实验

我们可以从RTR"巧妙的"实验中学到什么？[3]首先，在决定要进行哪些实验之前，你需要提前明确自己想要了解的内容。换句话说，新的商业模式中存在着哪些不确定因素，或者你思维中已形成的隐藏假设是什么？最糟糕的事情就是，在不清楚自己需要了解什么的情况下，就直接进行实验，还妄想能从实验中获得一些东西。要识别商业模式中的不确定因素并不困难，我们可以使用以下几种方法：第一种，与管理团队进行头脑风暴，列出在团队成员中引起最激烈争论和分歧的问题。第二种，与潜在客户、供应商、投资者或其他利益相关者交谈，并从中发现他们最担心的问题。第三种，使用分析技术。还有一种能够帮助我们识别隐藏假设的有效方法是发现–驱动计划。无论你采用哪一种方法，目标都是确定商业模式中需要解决的主要不确定性因素，然后才能实施。确定了关键的不确定性因素后，接下来需要探讨的问题就是："在这些不确定性因素中，哪些可以通过市场调研解决？"例如，通过与设计师交流，RTR商业模式中的一个不确定因素得到了解决，那就是她们该从设计师那里买还是租衣服的问题。同样通过与设计师交流得到解决的问题还包括：RTR是否应将客户群体定位为成熟的女性（还是年轻女性）；RTR团队是否需要自己出租衣服，还是只为设计师出租衣服提供相关支持。通过市场调研来解决不确定因素是很重要的，因为它可以减少之后需要进行的实验的数量。

市场调研无法消除所有的不确定性因素。在这个时候，就需要设计一系列的实验来对这些不确定性因素进行逐一测试。RTR的案例很好地体现了这一点。与易影院不同，RTR并非只进行了一次实验来一次性测试其整个商业模式。相反，它进行了多次实验，且将每次实验都限制在一定的范围，其成本低，速度快。RTR的每次实验都针对其商业模式中的一部分进行测试，如"女性愿意租服装吗""她们愿意不试穿就租服装吗""她们会在网上进行租赁服装吗"。如果你还记得的话，这正是盖拉德在测试奈斯派索的新战略时所遵循的过程。他不是一次性地测试整个战略，而是对战略的各个部分进行逐一测试，例如，他在五家零售商渠道进行了为期一周的系列实验，以评估其是否应该将零售端消费者作为目标客户。试图一次性地测试整个商业模式会使实验本身变得很难分析，因为有太多的变量（即商业模式的组成部分）在同一时间变化。

一旦大部分的不确定性因素都被解决了，你便可以考虑推出你的商业模式。只有在这个时候，你才可能需要最后进行一次实验来测试整个业务模型。其目的是看看你是否遗漏了什么，或者是否会出现什么无法预料的结果。例如，在其商业模式正式启动前一周，RTR运行了其服务的测试版，在这个过程中，他们发现了自己必须加强客户服务能力。新商业模式的正式启动也应该被视为探索过程中的一项实验。因此，你应该从小规模和低成本做起，看其是否能按计划运行。运营的头几个月是宝贵的学习机会。例如，RTR在正式运营后持续收集数据，依此来测试是否有必要给百货公司设立独家销售窗口。当数据显示，零售商店的额外销售机会远远大于蚕食风险时，设立独家销售窗口的想法就被放弃了。简而言之，实验并不一定要随着新战略的正式启动而结束。它应该是公司日常运作的一部分，也应该是公司决定其在市场上推陈出新的首选方法。

如何打造实验文化

以"正确"的方式进行实验是一回事，在组织中创造一种实验文化是另一回事。正如我们在第04章中所论述的，如果我们创造出一种文化或组织环境，鼓励每个员工在高层管理者设定的清晰而明确的战略参数内进行实验，我们的敏捷性将会得到提高。显然，我们不会期望普通员工对上述的应对战略进行实验，因为采用什么战略的决定超出了这些参数和他们的责任范围。但是，许多其他的决策可能会在这些参数范围内，重要的是，员工不仅要知道如何以正确的方式进行实验，而且要知道实验就是我们所期望的。正如我已经提到的，除非我们先在员工周围创建一个支持实验的组织环境，否则他们不会进行实验。然而，人们对分析和理性论证的偏爱在我们的教育体系和文化中又是如此地根深蒂固，以至于仅创造一个支持实验的组织环境是不够的。这是促使人们进行实验的必要条件，但不是充分条件。

要说明我们面临的问题的本质，最好的方法是通过数学中最著名的谜题之一——蒙提霍尔问题，即所谓的"山羊还是黄金"，或"坚持还是更改"。[5]谜题是这样的：你现在面对着三扇门。在一扇门的后面，有很多黄金。在另外两扇门的后面，则都是山羊。你需要从中选择打开一扇门。如果选择了后面有黄金的那扇门即可赢得黄金。显然，你赢得黄金的概率是三分之一。如果这个时候，我将另外两扇门中的其中一扇打开，背后藏着一只山羊。然后，我给你一个选择的机会：你可以坚持自己最初的选择，也可以转而选择另一扇没有打开的门。你会怎么选择？不出所料，大多数人都选择坚持自己最初的所选的。我已经和学生们分享这个谜题30年了，其中大约85%的人会坚持最初的选择。对他们来说，逻辑很简单：剩下两扇门，其中每一扇门的后面都有可能藏着黄金，所以坚持还是改变并无所谓，选择两扇门中的任意一扇都有50%的概率赢得黄金。既然选择哪扇门都一样，人们更愿意坚持自己最初的选择，因为如果人们因改变心意而错失黄金，他们会感到沮丧。这听起来完全合乎逻辑，但正确的答案恰恰相反，最佳战略是应该更改。为什么？因为选择坚持，获得黄金的概率是三分之一，而如果你选择更改，赢得黄金的概率三分之二。这个结果是违反直觉的，所以如果我试图解释它，也是无济于事的。然而，这并不是我在这里提到这个问题的原因。真正的原因是我在课堂上讲过这个问题之后发生的另外两件事。

在我把正确答案给学生之前，我要求他们花一些时间说服他们的同学，让同学相信他们的方法是正确的。我会先要求所有选择"坚持"的人来说服选择"更改"的人，让他们相信坚持是正确的战略。我给他们半个小时的时间去试图做到这一点，然后，我们就会给选择"更改"的人同样的机会和时间，来让他们说服人们，让对方相信更改是更好的战略。三十多年来，成千上万的研究对象参与其中，从来没有一个人成功地说服过其他人。这是相当惊人的，同时也凸显了正确答案的逻辑是多么反直觉。无论人们使用什么论据或逻辑，他们都无法说服同伴，让同伴相信概率不是每扇各半。在这个时候，我们问学生，除了理性论证，是否还有其他方法来说服人们。很快，他们就想到了实验——为什么不做几次实验试试看，看我们能从中得到什么？因此，我们把他们分成几个小组，要求他们花一些时间把这个难题尝试几遍。我们要求他们至少进行50次尝试，然后报告使用坚持策略和更改策略的成功次数。可以预见的是，一个又一个的团队报告说，大多时候都是更改策略取得成功。当然，坚持策略在一些实验中也赢得了黄金，但与更改策略相比，两者在概率上的差异太大了，如果人们尝试的次数足够多，更改策略将在大多数实验中获胜。看着这些团队一个接一个地报告哪种策略赢得了实验，这种体验让人印象十分深刻。在大多数情况下，所有团队都报告说，更改策略是制胜战略。偶尔，也会遇到一两个团队，该团队报告坚持策略在多数实验中获胜，在这种情况下，哪种策略更为优越是显而易见的。

当然，这说明了实验在说服他人接受一个想法时的重要性。你的想法越违背直觉或不合常规，你就越难向同事进行推销并说服他们接受这个想法。但是，没有人可以反驳数据。一个好的实验能让你收集数据，而收集到的数据又能让你借此推销想法。我从这个问题中还发现了最有趣的一点。在用这个练习向学生说明实验的重要性之后，我们又给他们布置了一系列的任务。有些是在我们讨论蒙提霍尔问题的同一天布置，有些则是在接下来的两周内布置。所有这些任务都是经过特别挑选的，其解决方案都是通过实验的方法更容易得到的。你猜怎么样？学生们几乎从未用实验来解决问题。甚至在他们被间接提示"利用解决蒙提霍尔问题的经验"来解决这些新问题之后，学生们仍然试图通过分析或讨论来解决这些问题。仿佛人们对实验有一种天生的厌恶感！

这表明，要让人们采取实验心态是非常困难的。这可能有很多原因，比如对失败的恐惧、倾向于思考和分析的教育体系、资源限制或时间压力。毫无疑问，创建一个支持和促进实验的组织环境是有帮助的，但考虑到有很多因素对实验不利，我们要做的不仅仅是为实验创造环境。事实上，除了创造利于实验的环境，我们必须还要做另外两件事情。第一件事，我们需要在组织的结构中把实验行为"制度化"。我的意思是，我们不仅要把它嵌入到企业文化中，还要把它嵌入到企业的流程和系统中。这正是我们在上一章中所说的，需要将多样性原则嵌入到我们的战略过程中。类似地，实验行为也应该成为公司战略和评估过程的一部分，成为员工日常对话的一部分。第二件事，我们要让实验成为员工的习惯，成为他们工作生活的常规部分，成为不需要思考的、以半自动的方式发生的事情。有些事情之所以自然而然地发生，是因为我们已经做过很多次了，以至于我们现在可以不用思考就能完成。例如，如果你是一名老司机回想一下，你在学习开车的时候需要做多少主动思考，再回想一下最近你开车时主动思考的次数。为了帮助我们的员工养成实验的习惯，我们需要鼓励他们在开始学习的时候，先做一些小的实验，并确保每一个实验都是有意义的。一旦他们在职业生涯中进行了几次实验，随着时间的推移，这项活动会变得更加自然和常态化。久而久之，我们便可以着手建立一个支持性的组织环境，以保持这种势头。做好本节先前提到的这两件事并提供支持性的组织环境，将有助于我们的员工培养实验思维，克服教育系统在我们人生的头20年里给我们造成的更依赖于理论分析的影响。

.

10

实施你的新战略

如何实现转型

从一种战略转换到另一种战略总是很困难的，其中有些转型可谓难上加难，也更加耗时。这背后是有原因的，了解其背后原因以及如何控制这些因素很重要。例如，我们可以看看下面两个组织的案例，它们在差不多同一时间进行了战略转型，却有着截然不同的发展命运。

第一个是汽车商人集团。该公司是英国排名第一的在线汽车交易平台，其每月的用户量都超过1 100万。在1977年公司刚成立的时候，它还只是一家以分类广告为主的杂志，以周刊的形式在12个不同的区域发行。一份全国性杂志需要数千页的篇幅来容纳所有汽车广告，因此，消费者对于区域版本的需求是显而易见的。此外，消费者还会在当地社区搜索汽车并访问其区域经销商。该公司很快意识到互联网的潜力，并在1996年迈出了数字化转型的第一步，成立了一个独立的部门——汽车商人Online。该部门设在伦敦，负责将公司的产品、分销和运营转移到线上。最初的20人团队都是来自核心业务以外的新员工，他们经常被核心管理者描述为"年轻而傲慢的"。他们的关键绩效指标与杂志业务中的考核指标完全不同，并开始以创业者的心态着手建立在线业务，避免了与母公司产生任何业务上的交集。当时杂志的发行量约为每周35万份。

随着时间的推移，在线业务不断增长，而杂志业务却在下降。正如一位高层管理者所说的那样："杂志业务的预算每天都在减少；

它所受到的关注每天都在减少；它的用户人数每天都在减少。"到2012年，杂志的发行量已降至平均每周8.7万份，并在2013年3月骤降至平均每周2.7万份。2013年6月，在公司成立36年后，公司印刷了该杂志的最后一期，随后转而专注于数字业务。这一转型花了17年的时间（1996—2013）。从各方面来看，这都是一次令人瞩目的成功转型。该公司于2015年上市，其当时的市值约为20亿英镑。到2020年5月，其市值已增至约48.4亿英镑。

我们再来看看雀巢公司的情况。大约在汽车商人集团迈出转型第一步的同时，彼得·布拉贝克（Peter Brabeck）被任命为这家瑞士跨国公司的首席执行官。他担任这一职位长达12年（1997—2008），在此期间，雀巢公司的销售额增长了78%，达到1 080亿瑞士法郎，股价从122瑞士法郎上涨到520瑞士法郎，涨幅超过300%。在担任雀巢首席执行官期间，布拉贝克所做出的最重要的战略决策，或许就是将雀巢公司从一家加工驱动型的食品和饮料公司重新定位为一家广义上的营养、健康和保健公司。这一举措背后的逻辑很简单。消费者将会越来越清晰地意识到食品和健康之间的联系，而雀巢的许多产品都含有大量的糖，如巧克力、冰激凌和冷冻食品等。这只是一个时间问题。消费者迟早会从这类食品转向更健康的食品。雀巢公司的愿景是利用其知识、技术和专长来开发全新的食物产品，这些产品将基于从食物中提取的成分制作，富有营养，并且又有益于人们的健康。与生病后服用的药物不同，雀巢的新产品将从最开始就帮你预防疾病。其中一些产品将通过药店销售，另一些则通过超市销售。

为了实现转型，雀巢公司创建了一个独立的部门，它被称为营养部，该部门直接向CEO报告。成立之后，这个新部门立即进行了一系列收购，以搭建其增长平台。例如，它在2006年收购了美国连锁减肥中心珍妮·克雷格（Jenny Craig），在2007年收购了诺华制药旗下的婴儿食品生产商嘉宝（Gerber）。为了支持转型，雀巢的现有部门也被要求开发新产品或改善现有产品的营养成分。在2003—2006年，雀巢公司调整了配方，从其产品中共计去除了34 000吨反式脂肪酸、5 000吨盐和204 000吨的糖。布拉贝克的任期于2008年结束，其后，雀巢公司继续保持向健康和保健业务的转型。新任首席执行官保罗·巴尔克（Paul Bulcke）雀巢将坚持转型举措，并将产品的营养品质作为公司所有研发工作的重点。到2017年他的任期结束时，雀巢的一些产品已经打出了名气，例如，贝他快（Betaquik）是一种针对癫痫患者的类似牛奶的饮料；美瑞汀焕活（Meritene Regenervis）是一种为调味饮料，主要是舒缓疲劳和增强肌肉功能；思敏舒（Alfamino）适用于食物过敏的婴儿和儿童；小百肽（Peptamen）能促进消化健康；雷纳高（Renalcal）适用于急性肾损伤的群体；赛弗林（Cerefolin）适用于记忆丧失的群体。到2019年，其营养与健康科学部门报告的收入为150亿瑞士法郎。

毫无疑问，转型为一家广义上的营养、健康和保健公司对雀巢公司来说是一个根本性的变革，在这些业务上实现150亿瑞士法郎的收入绝非易事。然而，我们无法忽视的一点是，这一数字仅占雀巢

2019年926亿瑞士法郎总收入的16%。想一想这个问题：汽车商人集团能够在17年内完成从纸质印刷到数字化的转型，但雀巢公司在同一时期实现的转型（迁移）还不到其五分之一。为什么？显然，与汽车商人集团相比，雀巢公司的规模要庞大得多，我们都知道让一艘超级油轮转变方向是多么困难。此外，每家公司面临的环境都不一样，所以很难直接比较。而且，雀巢公司可以合理地对此回应，它的目标不是要与现有的业务彻底割裂，而是要发展一个专注于健康和保健的新业务来作为现有业务的补充。所有这些可能都是对这两家公司战略转型的速度差异的有效解释。然而，这些例子也指出了决定迁移或转型是否会成功的另一个非常重要的因素，即转型对现有核心业务是否具有破坏性。

转型中的冲突

决定战略转型困难程度的，并不是转变的幅度有多大（尽管这显然也是一个影响因素），而是转型对现有业务的影响是破坏性的还是维持性的。[3]如果一项变革能改善现有业务，那么它是维持性的；如果它将蚕食或损害现有业务，那么它是破坏性的。例如，为了应对数字变革，沃尔玛对公司的运营方式进行了一些改革，其中一些是相当激进的。[4]然而，这些变革中的大多数是维持性的，因为它们有助于改善和发展现有业务。是的，其中也有一些变革可以被看作是破坏性的，尤其是对那些可能因自动化而失去工作的员工来说，但变革所涉及的破坏程度是有限的，而且是可以管理的。微软的转型则破坏了其现有的基于Windows的业务。组织资源被从基于Windows的产品中重新分配出来，以建立云计算业务，而且Windows及相关业务的商业模式也转变为订阅模式，这一转型过程可能会蚕食Windows业务。[5]这些都可以被视为破坏性的变革，因为它们正在破坏和损害现有业务。除此之外，战略变革还需要从根本上改变组织的文化，这绝不是一件容易的事。一般来说，变革的破坏性越大，管理起来就越困难，转型期就越长，甚至最终有可能失败。

是什么使变革具有破坏性？这个词本身给了我们一个提示——如果我们想做的新事情破坏（或扰乱）了现有的业务或现有的方式，那么变革就是破坏性的。另一种说法是，核心业务和新业务之间存在冲突，所以，在我们试图创新或转型的过程中，我们会损害核心业务。冲突越多，变革的破坏性就越大，转型就越困难。在企业转型过程中可能出现的众多冲突里，以下五种冲突是最严重的。

内部蚕食冲突

当我们从核心业务转到新业务时，我们可能需要放弃前者的收入和利润，并期待在新业务中寻求（希望能有）更健康的收入和利润。问题是核心业务的利润损失是即时的，而备受期待的新业务的利润则可能需要一些时间才能实现（如果有的话）。这不仅会诱使核心业务的管理者破坏公司所进行的转型，而且还会使公司面临股市压力。在新业务的收入和利润能够弥补核心业务的损失之前，公司的股价很可能会受到打击。例如，奥多比公司在考虑将其业务模式从软件包转变为订阅模式后，有分析称："在下一季度，随着消费者全部的预购订单转为按月订阅，奥多比的总营收将会下降。随着客户逐渐从购买软件包转向在线订阅，这种情况还将持续24~36个月。奥多比是一家上市公司，收入和利润的下降对其股价非常不利。奥多比由于增长较慢，其交易价格相对于历史平均水平已经较低，股价的大幅下降将引发要约收购。"[6]

　　显然，好的转型需要实现一种平衡，即你要努力使新业务的增长速度足够快，同时控制好核心业务的下降速度，使前者收益超过后者的损失。不用说，这是一种极其难以实现的平衡。我们只需看看2011年网飞从DVD租赁向流媒体电影转型的如履薄冰的尝试，就能体会到这种风险是多么真实。[7]因此，雀巢公司向健康和保健领域转型的步伐缓慢，可以用以下的因素来解释：你不能关闭业务中赚钱的部分，如巧克力、冷冻食品和冰激凌，除非健康和保健的新业务增长得足够快，足以弥补损失。好消息是，有几个成功实现这种平衡的公司的例子，这表明这项任务虽然很困难，但并非不可能完成。奥多比是成功实现这种平衡的公司的一个例子，汽车商人集团和网飞也是如此。其他例子还包括向在线经纪模式转型的嘉信理财公司、以牺牲雀巢咖啡为代价建立奈斯派索的雀巢公司，以及转型为在线银行的丹麦银行Lan & Spar。

分销冲突

另一个可能影响转型的潜在雷区是分销冲突。向新业务转型可能会削弱为原核心业务提供服务的分销商。例如，通过向在线经纪业务转型，嘉信理财绕过了习惯于与最终消费者建立关系的经纪人。同样地，通过在线销售汽车，汽车商人集团绕过了传统上"拥有"客户关系的汽车经销商。通过在奈斯派索俱乐部销售咖啡胶囊，雀巢公司绕过了它赖以销售其他产品的传统分销商（即超市）。通过转向订阅模式，奥多比绕过了其"分销–零售"的两级模式，从而能够使自己直接面向消费者。保时捷公司通过其"护照计划"（Porsche Passport）向消费者提供通过手机应用程序以固定月费订购车辆的服务，从而绕过了汽车经销商。通过瑞士洛桑呼叫中心的在线支持，NayaMed赋予了医生对其心脏起搏器进行编程的能力，这使美敦力绕过了自己的技术代表，而它正是依靠这些技术代表来销售和支持其高级产品的。好莱坞电影公司和电影院经营者之间的冲突也很好地说明了其中的利害关系。[8]为了应对2020年春季导致电影院关闭数月的新冠肺炎疫情危机，电影公司开始通过付费电视和流媒体等数字平台直接向消费者发布电影。这一项被迫进行的"实验"的成功促使环球影业（Universal Studios）于2020年4月宣布，公司将开始以数字方式发行电影，并与院线发行同步，这打破了电影行业的一项行规——片方需提前三个月向影院发行电影。这立即引起了全球最大的两家影院运营商AMC和Cineworld的强烈反应。他们发布了一项全球禁令，禁止放映所有来自环球公司的电影，并指责该公司打破了一个多世纪以来一直为该行业服务的商业模式。

诸如此类的例子不胜枚举，当一家公司试图开发新业务时，现有业务的分销商可能会受到损害。当然，如果组织的战略目标就是要转型，我们可能会认为这种冲突并不重要。毕竟，如果我的目标是最终关闭原业务，我又何必在乎这部分业务的分销商是否高兴呢？然而，这是一个错误的假设。这个冲突非常重要，因为现有的分销商在公司转型之后可能并不重要，但在转型的过程中却非常重要。在转型过程中惹恼了分销商，将影响我们前面讨论的新旧业务此消彼长的精细平衡的实现。一方面，分销商的反应有可能会破坏核心业务的业绩，加速其下滑；另一方面，关于核心业务的负面宣传或存在的问题可能会蔓延到新业务，从而减缓其增长。

品牌冲突

另一个潜在的问题是品牌冲突，如果公司试图开展新业务，那核心业务的声誉或品牌形象可能会受到影响。阻碍哈雷戴维森（Harley-Davidson）迅速进入小排量摩托车市场的一个关键原因，就是哈雷担心此举会损害品牌。小排量摩托车市场曾推动本田成为行业领袖。同样，为了与西南航空竞争，大陆航空创建了Continental Lite，结果这个低成本的子公司出了问题，并危及了大陆航空的品牌声誉。如果目标不是从核心业务转型到新业务，而是同时经营两种业务，那么给新业务起一个不同的名字可能会更好（正如我们在第

08章中所讨论的）。但即使是这种策略也可能无法消除品牌稀释的风险，不会因为一个新名字而被混淆视听。

其他两种冲突

转型过程中可能出现的另一种冲突是激励冲突。核心业务的管理者可能会觉得不公平，他们觉得自己为公司服务多年，但自己负责的业务正因为转型而走下坡路，而新聘用的人员却得到了新业务发展的所有好处和荣耀。另一种可能的冲突是文化冲突，即核心业务的管理者如果想在冲突中生存，就必须学习以新业务的方式运作。例如，转向订阅模式意味着微软员工需要改变他们开展业务的方式，包括他们销售产品的方式、开发新产品的方式，以及他们对收入的核算方式。这意味着他们必须在支持旧方式的同时转向新的运营方式。这是极困难的，它需要人们足够灵活。这不仅可能会导致差错，还可能引起来自那些习惯于某种操作方式的员工的抵制。

我们还可以列出更多可能的冲突，但需要注意的一点是：正确认识这些冲突对我们的转型很重要。正如我们已经指出的，我们需要通过新业务吸引新客户，并以足够快的速度创造收入，以补偿核心业务的客户损失。冲突会同时影响这两个方面：一方面，它们会加速客户的流失和核心业务的衰退；另一方面，它们会减缓我们吸引新客户的速度，从而减缓新业务的增长。这两种结果都会危及我们的成功转型，因此我们需要找到一种方法来管理这些转型过程中的冲突。

如何管理冲突

关于组织如何进行战略转型，特别是当新旧业务之间的冲突很大时，公司经常被给予的建议是建立一个独立的部门作为迁移（转型）工具。这是克里斯坦森所提出的"创新者的解决方案"，有不少学者也主张这样做。[9]我们在第08章的另外一个案例中讨论过这个问题。第08章我们提出的问题是如何同时在新市场和原市场中竞争，并且将设立独立部门作为保护新业务免受核心业务管理者影响的一种方式。本章提出的问题略有不同，具体来说，它讨论的如何把独立部门作为工具实现从战略的转型。显然，在转型过程中，你将同时管理新旧两类业务，所以我们在第08章中讨论的问题在这里仍然相关，比如：哪些活动要同原业务剥离，哪些要保持不变？是否给部门一个独立的名字？然而，在本章所述的背景下，现在的目标是完全从核心业务转型到新业务，这就产生了一些额外的问题，以下四个问题特别值得注意。

核心业务和新业务之间的资源分配

组织需要考虑的第一个问题是独立部门应该被作为组织的转型工具来对待。这意味着，组织在进行新旧业务的资源分配时，应当意识到转型正在发生。当组织刚开始转型时，大部分的资源可能还会被投入到核心业务，但随着时间的推移，资源应该被慢慢地重新分配到新业务。每年，你的资源应该更多地投资于新业务，更少地投资于旧业务。请回想汽车商人集团是如何描述其数字化转型过程的："杂志方面的预算每天都在减少；它所受到的关注每天都在减少；它的员工人数每天都在减少。"随着时间的推移，组织需要提升新业务的规模和重要性，同时降低原核心业务的规模和重要性。如果你能很好地管理资源和资金的重新分配，新业务将会顺利地成为投资组合的主导部分。到那时，你就有能力完全关闭原业务，只专注于新战场，这正是汽车商人集团在为期17年的转型过程中所做的。

这也是丹麦银行Lan & Spar遵循的流程，但其转型周期时间要短得多。当首席执行官休在20世纪90年代初提出直销（电话和网上）银行的概念时，他便建立了一个独立的直销银行，并将这两种业务分开，它们各自独立，这种情况保持了三年，然后二者才被合并。他的理由是"同时拥有两种业务是困难的。我们无法真的从一开始就将这两种业务合并，因为我们会承担巨大的转型成本。我们在传统银行业务中的利率是每年10%，而在直销银行，每年只有3%。如果我们让所有的客户一夜之间从传统银行转到直销银行，我们会损失很多钱。我们必须小心翼翼地管理这种转型。"

让新业务做好接管公司发展的准备

组织需要考虑的第二个问题是独立部门只是一个临时的解决方案，而不是公司业务构成的一个永久特征。请记住，它是为了帮助公司转型而设立的，一旦转型完成，它将不复存在。这意味着，在未来的某个时间点，这个独立部门将接替原核心业务部门，并代表公司新的战略定位。这意味着，在把它作为一个独立部门发展的同时，我们也应该为它在业务结构中承担新的角色和地位做好准备。有几种策略可以用来实现这一目标。例如，嘉信理财最初将其名为e.Schwab的在线经纪业务作为一个独立的部门，它直接向公司的联合首席执行官波特拉克汇报，并从现有的零售组织中抽调了高级管理人员，从而为其"接管"做好准备。此外，e.Schwab的技术平台与嘉信理财的信息技术系统整合在了一起，新业务的产品和定价政策被设计为与母公司的政策兼容。同样地，Lan & Spar将其直销银行与组织的其他部分分开，但确保支持直销银行的信息技术基础设施与已建立的银行的信息技术系统兼容。此外，该银行通过鼓励公司范围内的合作，促进员工打造共同的价值观和文化。总行的一些管理人员被调到直销银行，关于如何将两种业务合并的决策是直销业务和业务两个条线的高管在会议上共同做出的。

管理新旧业务之间的冲突

组织需要考虑的第三个问题是新旧业务之间的冲突并不会因为建立一个独立的部门而消失。是的，独立的组织架构有助于保护新部门免受冲突的影响，但它并没有消除冲突。冲突仍然存在，而且如果要顺利地完成转型，它们仍然需要被管理。同样，组织可以采用几种策略来实现这一目标。嘉信理财根据产品的复杂性划分了其产品组合。需要与客户面对面交流的复杂产品被交给经纪人销售，而较简单的、基于交易的产品则被转移到在线平台。公司甚至对经纪人进行了培训，从而让他们在销售和服务高利润产品方面做得更好。汽车商人集团通过在其网站上打造了对消费者和经销商都有利的销售主张，克服了来自汽车经销商的阻力。例如，它引入了软件平台，使经销商能够更好地服务于他们的客户。为了让自己的技术代表们不那么抵触转型，NayaMed将销售工作集中在技术代表忽视的或根本无法服务的（小型和农村的）区域和医院。欧迪办公（Office Pepot）则改变了它的激励制度，只要客户来自与门店相同的线下区域，即使客户在网上而不是通过门店购买产品，门店经理也会得到奖励。

当遇到品牌冲突时，许多公司采取的战略是给独立的部门单独命名，以减少品牌稀释的风险。荷兰皇家航空公司称其低成本子公司为Buzz，英航称其子公司为Go，达美航空（Delta）称其产品为Song。在银行业，西班牙国际银行称其数字部门为Cahoot，苏格兰皇家银行称其为Bo，而法国巴黎银行则称其为Hello bank。然而，正如网飞的经验所表明的，这个策略并不能确保成功。作为从DVD租赁向电影流媒体转型战略的一部分，网飞在2011年宣布将业务的两部分各自独立，DVD租赁服务将被称为Quikster。此举引起了消费者的不满，网飞很快又取消了新的品牌，并将这两项服务都归于网飞品牌之下。

独立，但不要孤立

组织需要考虑的第四个问题是该部门虽然保持独立，但不应该与母公司割裂。[10]知识和资源应该从核心业务部门转移到新部门，以加速新业务的成长，从而加快转型本身的进程。这不会偶然发生。整合机制和程序必须到位，以促进知识迁移，并更好地利用不同业务线之间的协同作用。一种整合机制是为两条业务线雇用共同的总经理，由他提供整体的管理方法。[11]另一个方法是任命一个积极和可信的协调者来促进两者之间的合作。[12]还有一种途径通过制定合理的激励措施，鼓励两者之间的合作。[13]人员调动也是一个进行知识迁移和促进二者合作的好方法。组织应该允许独立部门从核心业务中借用资源和能力，如品牌名称、客户数据和管理专业知识，以获得比独立创业公司更多的竞争优势。[14]与母公司共享价值链活动也可以帮助新部门更快地发展。这些活动可以是后台活动，而不是面向客户的活动，以便在不影响该部门实现差异化或满足其客户需求的情况下，实现效率提升。

这里描述的四个挑战以及公司如何管理这些挑战将在很大程度上影响转型所需的时间和成功程度。组织在这个过程中很容易犯错误，汽车商人集团的经验很好地证明了这一点。1996年，汽车商人Online这个独立部门成立时，它从母公司那里获得了发展数字业务的完全自主权。他们没有把杂志业务和数字业务之间的潜在协同作用考虑在内，而且该部门的领导是外部人士，不允许原杂志业务的任何人干涉其部门。该部门采取了一种创业的心态，并明确表示不欢迎来自原业务部门的投入或合作。没过多久，杂志业务方面就开始把该部门视为"敌人"，一些不正常的行为也随之出现。正如一位高级管理者所评论的那样："我们把收入转移到线上业务，但没有把文化和价值观转移到那里。"同时，该部门的目标和关键绩效指标也在鼓励激进行为，其中许多是以牺牲汽车经销商的利益为代价的。例如，该部门推广了一些消费者喜欢但经销商讨厌的产品和功能，如用户在网站上对经销商进行评论。另一个与经销商对立的例子是在2007—2009年的国际金融危机期间出现的。这是汽车经销商的困难时期，但就在这样经济条件困难的情况下，汽车商人集团仍将广告费上调了30%，让经销商难上加难。双方的关系变得非常糟糕，以至于经销商们自发组织起来进行游说，抵制在该公司的网站上做广告。更糟糕的是，英国最大的十个经销商聚集在一起，建立了自己的网站，与汽车商人集团直接竞争。

事情需要改变，2013年，特雷弗·马瑟（Trevor Mather）被任命为新任首席执行官。他立即将公司的焦点和注意力从财务业绩转移到一个新的目标上：领导英国汽车行业的数字化未来，使汽车商人集团成为该领域值得信赖的领导者。他没有贯彻之前的五年计划，即在五年内完全甩掉杂志业务，而是建立了新目标，通过打造新产品为公司和经销商带来双赢，并满足不断变化的客户需求。他没有与经销商对立，而是着手与他们合作，开发有助于经销商更好地为最终消费者定价的产品。他还启动了一项内部文化转型计划，试图创建一个将谦卑和勇敢等价值观放在首位的团队。他颇有深意地将团队名称从"执行团队"改为"领导团队"，并将团队规模从16人减少到8人。在尝试制定新战略之前，他在公司的头几个月就强化了领导团队，提升了成员之间的信任，并与他们一起制定了公司的新目标和价值观。一旦强大的、相互信任的高层团队建立起来，他们就开始制定公司的新战略。他们还开展了一项重要的文化转型计划，其目标是将已经形成的两种文化"融合"为一种，并帮助组织在收入和文化方面进行转型。高层团队始终致力于实现"良好增长"，正是他们对指导员工行为的目标和价值观的持续关注，帮助汽车商人集团成功地转型为英国最大的在线汽车买家市场。

转型时期的其他挑战

对于试图改变战略的公司来说，如何管理现有经营方式与新方式之间的冲突并不是唯一挑战。在本章中，我已经将重点放在这个特殊的挑战上，因为许多其他的挑战已经被众多管理学家讨论过了，并且应该被广大的领导者所熟知。尽管如此，我们还是有必要在这里说几句。

对于即将开始引领重大战略变革的领导者来说，最具挑战性的任务之一就是说服组织的其他成员，让他们认为转型是一项有价值的战略举措。员工不仅需要在理性层面上接受这一转变，还需要在情感层面上也接受。要做到这一点，组织的领导者必须向员工"推销"新战略。我们在第06章中描述了如何向人们推销某种东西以赢得情感承诺（图6.1）。相同的框架也可以用来思考如何推销新策略。我们能否成功地推销新战略，不仅取决于我们如何努力去做，还取决于另外四个因素。我在第03章介绍了这些因素（图3.4）；为了提高组织成功转型的概率，我们必须考虑到所有这些因素。除了员工之外，组织还必须说服其他外部利益相关者（如股东）以支持战略的改变。你需要制订一个明确的计划，向人们说明新战略将如何在一段时间内发挥作用，以及转型路上组织将实现哪些关键的里程碑（如销售额或利润目标），以说服持怀疑态度的股东。更有说服力的是实验数据。对员工和股东来说，没有什么比支持新战略关键要素的数据更有说服力的了，所以应该设计巧妙的实验来提供必要的支持数据。我们在第09章中介绍了如何进行巧妙和低成本的实验。

另一个需要克服的挑战是如何改变公司的组织环境以支持新的战略。正如我们在第04章所描述的，组织环境由四个要素组成：组织的文化和价值观、评估和激励机制、结构和流程，以及组织的人员。这四个要素结合在一起，决定了人们在组织中的行为方式，这反过来又决定了我们的战略是否会受到员工日常行为的支持。每一项战略都需要有自己的支持性组织环境。这意味着，如果我们要从战略A转变为战略B，我们同时还需要将支持战略A的组织环境转变为支持战略B的组织环境。因此，我们需要招聘具备适合新战略的技能和思维方式的新员工，或者对现有员工进行培训，以培养组织内的新技能和思维方式。我们还必须改变我们的评估和激励机制，以及我们的结构和流程，以支持新的战略。最后，我们必须改变组织的文化和价值观，以适应新战略的要求。这是一项艰巨的任务，这也可以解释为什么战略变革需要这么长的时间，又为什么经常会以失败而告终。

最后，组织需要评估新战略的表现是否符合预期，如果不符合，你是否需要改变或完全放弃它？显然，在转型之初，我们计划的新战略所取得的财务结果（利润或收益），可以很好地表明转型是否按计划进行。但是，通常情况下，用公司战略健康的一些指标（如客户满意度、员工士气、新品研发、质量管理等）来补充财务健康指标（如与计划相关的收入和利润），效果会更好。公司需要制定适合自身情况的战略健康指标，并利用其信息系统收集必要的数据，定期评估这些指标。只要战略健康指标良好，即使财务结果没有按计划进行，公司也可以坚持继续转型。最终，这个决定还需要组织的领导者运用他们的判断力，这就是我们接下来要谈的话题。

11

总结

在第01章中，我概述了本书将为读者回答的各个问题。在本书结束时也许可以再次列出这些问题，并为每个问题给出一个简明的答案。

- 在第02章，我提出的第一个问题是："你应该如何向你的员工介绍变革，它是威胁还是机遇？"我们给出的答案是"既是威胁又是机遇"。我们解释了正确地看待变革为什么如此重要，进而又补充了一个问题："当人们看到周围的一切都是与变革有关的威胁时，你如何能说服他们相信这种威胁也是一个机遇？"我们对此的答案是：为了向员工推销"变革的确是一种机遇"的想法，你需要做的不仅仅是简单地告诉他们。这要求你不仅要使用正确的语言，还要采取切实的行动来证明你的态度。我们用比利时联合银行的案例证明了这一点。

- 在第03章中，我问道："无论现状多么成功，你如何创造一种长久的紧迫感或对现状的持续不安感？"通过创造一个"燃烧的平台"来直接要求员工是不行的。你需要使变革的需求个人化、情感化。要做到这一点，你必须给员工一些积极的目标，然后把这些目标推销给他们，以赢得员工的情感承诺。我们列出了一些赢得情感承诺的策略，并对影响推销有效性的因素进行了分析。

- 在第04章，我们探讨了又一个问题："如何使组织足够敏捷，从而能够识别和应对任何打击组织的变革？"敏捷性不是我们可以要求员工去做的事情，而是其他事物的副产品，即与敏捷性相关的员工日常行为的自然结果。我们描述了这些行为具体是什么，紧接着又提出了后续问题："我们如何确保我们的员工每天都能坚持这样的行为？"我们的答案是：组织环境决定了人们的行为方式，因此我们需要建立一个支持和促进这些行为的组织环境。

- 在第05章中，我提出了这样一个问题："我们如何才能创造一个支持性的组织环境？"大多数公司都试图以一种自上而下的集中式方式来做到这一点。我们主张采用不同的方法：分散在组织各处的管理者和团队领导可以通过一些小的、有针对性的行动来改变他们所处的组织环境。在高层管理者所规定的参数范围内进行这些去中心化的行动，就有可能引发无数星星之火，进而发展成为燎原之势，从而改变整个公司的组织环境。我们对于其中一些可以引发大变革的"小行动"进行了阐述。

- 在第06章，我认为，除非制定明确的参数来对单个管理者和团队领导者进行指导，说明他们在没有高层管理者批准的情况下可以做什么，不能做什么，否则本书倡导的用于改变组织环境的分散的（去中心化的）方式不可能取得成功。鉴于此，我们提出问题："我们应该允许员工在哪些参数内自主行动？"有两种这样的参数：第一个是组织明确传达的战略；第二个是组织的价值观和目标。我们进一步指出，尽管这两种参数并没有什么新鲜的，但问题是，许多证据都表明组织在实施这两种参数时总是会失败，并且还是可预见性地失败。我们解释了这种情况的发生原因以及对策。

- 在第07章中，我提出的问题是"组织应该采取什么具体战略来应对变革？"这取决于我们应对的具体变革是什么。然而，无论发生什么变革，有效的应对战略都必须避免模仿别人在应对变革时的做法，并应该帮助企业尽可能地实现差异化。仅仅试图比创新者本身或应对同样变革的行业竞争对手做得更好是不够的。从这个意义上说，公司不是在寻找一种应对战略，而是在寻找一种能够利用变革重新定位并实现差异化的战略。

- 我们在第08章探讨的问题是："组织如何才能制定一种真正创新的应对战略？"我们认为，如何制定战略与采用何种战略同样重要。我们特别提出，公司需要像创业者一样开始思考，以避免对核心业务缺乏远见。在制定应对战略时，我们提出了一种结构化的方法，这需要公司从四个不同的方面入手：利用破坏者的弱点；借鉴创新者的想法，但不要模仿；淘汰那些因变革而变得不必要的业务或活动；在竞争的方式和地点方面进行创新。我们进一步认为，如果多样性原则能够在组织的战略过程中得以制度化，组织的创造力就会增强，我们对如何做到这一点进行了阐述。

- 在第09章中，我的问题是："如何知道你的应对战略是否是一个好的战略？如何说服组织的其他成员来跟随你实施这项战略？"我们认为，实验是一种有效的方法，它可以测试新战略，还能收集数据，而数据有助于说服他人接受这项战略。但是，我们也指出，并非所有的实验都是好的实验。如何确保设计和执行"好的"实验是重中之重，尤其是当实验是有关新战略时。我们描述了巧妙的实验是什么样的，并讨论了如何在组织中创造一种实验文化。

- 最后，在第10章，我们对以下这个问题进行了探讨："你如何从现有的核心战略转型到新的应对战略？"我们认为实现任何转型都很困难，而其中有些转型则更加困难。决定难度的不是变革的激进程度（尽管这显然也是一个影响因素），而是变革对现有业务是否是破坏性的（或支持性的）。我们解释了是什么使变革具有破坏性，并对转型过程中所产生的一系列问题和冲突，提供了一些解决思路。

正如我在本书开头所指出的那样，我希望高层管理者不要对这些想法感到惊讶，这其中应该没有他们不熟悉的东西。然而，知道该做什么与实际去做或正确地去做不是一回事。你如何实施这些想法将决定组织的成败。因此，本书的重点是提供一些实用的、基于研究的想法，为读者如何将自己可能已经知道的事情付诸实践提供参考，这本书没有提出任何关于成功的新秘诀，而是专注于"如何做"。因此，以一个组织的实际例子来作为本书的结束可能有所裨益，该组织利用本书中提到的一些想法让自身为不断变革的世界做好了准备。这个组织就是比利时联合银行。在阅读这个例子时，我们问问自己："这个组织是如何实施书中所提出的（一些）想法的，从而为不断变革的世界做好准备？"

比利时联合银行的转型经历

2016年，比利时联合银行宣布了一项新的、全面的集团数字化转型计划，被称为"数字优先"（Digital First）。比利时联合银行集团首席执行官泰斯将此项计划描述为：这项计划不仅是比利时联合银行为展望未来所做的准备，同时也旨在通过为客户开发全新的、革命性的银行业务方式来塑造未来。其愿景是使用数字技术以及大数据分析为客户提供他们从未想过的产品和解决方案，并以一种简单的、友好的数字方式将它们提供给消费者。用泰斯自己的话说："我想知道客户在想什么，以及他们如何花费自己的时间和金钱。我希望能够为客户的日常问题制定解决方案，并在客户意识到自己需要这些解决方案之前将其提供给他们。这就是谷歌正在做的事情，我们需要在这方面做得和他们一样好。因为我们的客户在消费或投资时不会轻易想起银行，所以在他们花钱之前，我们需要在他们的脑海中出现，并成为他们的默认选择。但我们的行动不能仅限于此，而必须超越这一点。我总是对我的员工说，要注意，你售卖的是信任。这是唯一不能数字化的东西。这是我们超越谷歌所能，并为客户提供的服务的机会。"

这一转型举措引人注目的不仅是其雄心壮志，还有它所选取的时机。这是该银行在经历了2007—2009年国际金融危机近乎致命的冲击之后，在其业绩表现出色的时期宣布的。一家金融杂志是这样描述这一决定的："对于像比利时联合银行这样的银行业巨头来说，它的利润一直是欧洲市场上最丰厚的，并且始终保持着高流动性和充足的资本。在这个时候选择转型可能看不出其背后有多么显而易见或紧迫的原因，特别是考虑到它在当时的商业模式下已经获得了明显的领导地位。的确，'如果东西没有坏掉，就不要修理它'这句话也立即浮现在我脑海中。此外，试图说服该集团的42 000名员工，让他们接受组织当前的成功商业模式仍须提升的现实，这绝不是一项最容易的任务。"

三年后，该转型被认为取得了巨大的成功。例如，在2018年由专注于数字业务的独立评级机构D-Rating进行的一项外部评估中，比利时联合银行被评为比利时表现最佳的传统银行，其依据是一系列衡量银行产品数字化程度、联络渠道效率和客户旅程表现的指标。对于取得成功的原因，泰斯心知肚明。他称赞自己的员工积极主动地预测和响应客户不断变化的行为，他们承担起了个人责任，快速制定解决方案，而没有过多的官僚主义。他说："你必须预测客户不断变化的行为，并帮助我们了解组织必须做些什么。因此，你有权提供解决方案，这种情况在我们的团队中正在大量发生。"[2]
比利时联合银行员工的这些行为令人印象深刻，但泰斯和他的管理
团队是如何让员工表现得如此令人钦佩的呢？要回答这个问题，我
们必须追溯到2012年，也就是泰斯被任命为集团首席执行官的那一
年。他在新岗位上采取的第一个战略行动，就是对组织的文化进行
重大变革。这个全集团范围的文化变革计划被称为"珍珠计划"
（PEARL），代表了绩效（Performance）、授权（Empowerment）、
问责（Accountability）、响应（Responsiveness）和本地嵌入（Local
embeddedness）。

泰斯在其职业生涯的大部分时间里都在比利时联合银行工作。
他开始是从事保险业务，2009年，他晋升为比利时分行的总经理，
关于2012年成为集团首席执行官。他见证了该银行多年来的演变和
发展，并确信比利时联合银行已经失去了它赖以生存的创业精神。
公司内部的流程变得过于复杂，项目经常因犹豫不决或惰性而被拖
延。员工以规避风险的方式行事，将错误归咎于外部力量。整个银
行的决策过程是不正常的，因为决策往往是在走廊上而不是在团队
中做出的。集团执行委员会的情况也是如此，其特点是极端保守以
及暗箱操作。当时，一位公司高层称情形令人难以置信："大权在
握的各位总经理分别管理着多个筒仓，但公司层面的治理水平并不
高，在执行委员会层面，公司缺乏问责制。他们的心态是'如果你
不挑战我，我也不会挑战你'。执行委员会的会议时间很短，而且
人们对会议并不知情。"此外，不恰当的激励措施鼓励了破坏银行

战略和业绩的行为。例如，泰斯的早期调查显示，他的经理们严重地缺乏责任感，这可能是由于他们完全不了解银行出售的每种产品的盈利能力所导致的。进一步研究后，他发现："我们的销售和分销人员是根据销售额而不是利润来评估和激励的。因此，他们的目标是市场份额，而不是盈利能力。如果他们卖的东西没有为银行赚钱，那不是他们的问题。此外，由于他们对所销售的产品不承担任何责任，因此如果出现问题，他们无法控制局势。"最重要的是，员工和管理层之间存在严重的脱节并缺乏互动。很明显，员工已经完全失去了对管理层的信任，他们丧失了积极性，情绪低落，并将集团面临的所有问题归咎于高层。

泰斯决心改变这种状况，并将其作为他新任首席执行官的首要任务，即建立一种鼓励创新行为和思维方式的集团文化。他提出了"珍珠计划"的概念，强调绩效和响应是通过赋权、问责和本地嵌入而产生的结果。虽然这一计划源自执行委员会，但泰斯希望员工从内部开始实施，而不是从高层那里寻求任何帮助。他的目标是让员工融入当地的环境，了解当地客户的需求，并直接对其做出回应，而不需要总部提供参考。只要他们在计划框架中的参数范围内运作，就可以做到这一切，这意味着这些参数必须被清晰地传达给整个组织。执行委员会决定集团的战略重点，然后由执行委员会成员领导的业务发展委员会（每个业务或部门）做出所有战略决策。业务决策将由组织内部更为下沉的人员做出。分散式管理是泰斯竞选首席执行官的主要支柱，他认为这是自己当选的原因之一，所有其他候选人提供的都是集中式管理的解决方案。泰斯坚信，当地部门更了解当地客户的需求，因而他们应该有自主权来做出决定。这将为客户提供更快速、更优质的服务。

分散式管理和授权是新战略的企业文化的核心，对快速决策的重视也是如此。例如，公司鼓励员工避免开会，而是利用内网上的信息平台进行讨论。在约定好的时间节点，除非有根本性的反对意见，否则就认为大家对发布的问题达成了普遍共识，然后就会采取行动。为执行委员会的会议讨论而编制的文件也受到审查，以符合"珍珠计划"的要求。这催生了篇幅更短小而更有重点的文件，它以清晰、简洁的方式呈现事实和分析，而不是需要花几个小时阅读的一页页赘述。此外，新的文化促进了敏捷团队的创建，该团队的组成人员能够自信地做出决定，并实施必要的举措以确保客户的需求得到满足。人们要对自己的决定负责。泰斯并不介意员工犯错，只要他们对自己的决定负责并从错误中吸取教训。

在推出"珍珠计划"的同时，泰斯宣布了一个新的绩效管理系统，称为"绩效钻石"（Performance Diamond）。钻石的四个维度分别是资本、流动性、盈利能力和人员。每个地区及其每个业务实体都设定了这四个维度的目标。为了实现这些所设定的目标，当地管理层可以采取任何方式，但他们的行动必须在执行委员会决定的指定参数范围内。这是授权的一个核心要素。如果当地管理层没有在参数范围内行动，那么他们会被要求做出解释。泰斯解释说："在我接手之前，一切都是集权式的。例如，集团会说，'你必须使用这个系统'。在一些小地区，他们其实不需要这么复杂的东西，但他们没有选择。每年年底，他们会收到集团开具的相关服务成本的发票，例如信息系统使用费用的发票。通常，这种强行施加给他们的决定会导致他们的成本优势被完全抵消。像这样的事情完全消除了当地管理人员的积极性和责任感。这就是为什么我们改变了这一切，并下放了权力。权力的下放，带来了个人责任感。地方的响应能力是关键，现在业务经理们开始对他们正在做的事情负责。总部不必再进行干预。"

"珍珠计划"和"绩效钻石"迅速在各业务部门推广，并很快成了组织中的实践范本，并引领了一股风潮。为了帮助那些不习惯以这种自主方式运作的管理人员，我们向其提供各类辅导、工具和培训。新的企业文化很快得到了巩固，也在财务结果方面得到了体现。比利时联合银行当时已具备提前五年偿还它在国际金融危机期间从比利时联邦政府和弗拉芒政府申请的所有救助金的能力，并且在泰斯接管的三年内，其股价上涨了两倍。《金融时报》（*Financial Times*）2015年的一篇报道对这一戏剧性的转变进行了评论："比利时联合银行的转变最为显著，因为它借此摆脱了危机的困扰……稳定的利润增长对资本的产生起到了神奇的作用……如果一直保持这种速度，比利时联合银行在年底前还清政府债务，并从2016年开始获利的说法都显得保守了。比利时联合银行的股价占有形账面价值的比率已经达到1.8倍，股本收益率为17%，并正在迅速获得北欧（斯堪的纳维亚半岛）各银行的高度评价。没有哪家欧洲银行能和它相比。"[3]

　　文化转型的成功并没有让泰斯感到惊讶，因为他以前也做过类似的事情。2009年，当他接任比利时分行的总经理时，他根据同样的授权和问责原则，在那里启动了文化转型。对于在比利时分行业务部门进行的文化转型决策，他是这样描述的："一个星期天的下午，我回到家，开始写为员工提供指导的'保护伞'。我把它叫作SLIM。这个词在英语中是'苗条'的意思，但在荷兰语中是'聪明'的意思。SLIM意味着常识而非规则。如果规则是愚蠢的，就不要遵守规则！履行以上这些是你的责任，但如果出了问题，你可以把它归咎于SLIM文化——这是我的责任。"从小的方面说，SLIM开始改变员工的思维和心态。它鼓励他们主动出击，勇于改变，不惧失败。一些事情以某种方式做了多年，并不意味着它就是不可触及的。我们鼓励员工挑战一切，开创新的、对客户更友好的方式，这将对比利时联合银行及其客户产生重大影响。这一举措在比利时分行取得的成功使泰斯进一步加强了对这项基本原则的信念，并且成为三年后在整个集团引入"珍珠计划"的蓝图。七年后，泰斯将他在2016—2020年数字化转型的成功归功于这一计划。2020年6月，一项新的四年战略被宣布，泰斯相信，到2025年，他将再一次地把所取得的又一项成功转型归功于这种文化。正如他所说的那样，一旦你真正掌握了组织的DNA，你就可以确信，接下来的一切都会发展顺利。在那个时候，作为领导者，你所要做的就是坐观你的员工苗壮成长。

多年来指导泰斯行动的是"客户至上"的心态。他说："我们必须永远记住，我们存在的原因是我们的客户。我们在这里是为了就所有重要的事情向他们提供建议，并且成为他们生活的一部分。只要我们遵循这一原则，那么很明显，银行需要做的事情就是适应客户需求和期望的变化。"从员工的日常行为可以看出，这一原则不仅存在于泰斯的头脑中，也存在于组织的文化中。例如，在决定提供什么新产品或如何与客户互动时，员工会在团队会议上思考他们作为消费者在家庭生活中如何使用技术。他们会提出这样的问题：我们每天是如何购物的？我们如何搜索信息？我们如何与朋友沟通？如果我们从亚马逊订购的东西超过24小时才送到，我们会有什么感受？我们使用Siri或Alexa的频率如何？我们的孩子在使用技术方面与我们有什么不同？等等。基于这些思考和见解，他们再通过提出一些问题来决定银行需要做什么，提出的问题包括"这一切对我们的银行意味着什么""我们应该做什么改变以适应这些消费者的生活"等。这种对客户的持续关注和志在提供世界上最好的客户体验的热情是银行行动的指导，并被认为是比利时联合银行多年来不断取得成功的主要原因。

我们可以从比利时联合银行的例子中学到什么？

对于本书开篇所提出的问题——"组织如何为持续变革的旅程

做好准备"——比利时联合银行的例子很好地总结了构成该问题的答案的关键要素。正如第04章所讨论的，一个关键步骤是使组织足够敏捷，以识别和应对任何冲击组织的变革。我们如何才能做到这一点？当然不是要求人们敏捷！我们应该鼓励组织中的每个人都采取能够带来敏捷性的日常行为。考虑一下比利时联合银行是如何实现这一目标的。通过鼓励员工贴近客户（即本地嵌入），预测他们不断变化的行为（即响应），在制定解决方案时承担相应责任（即问责），并且主动这样做（即授权），泰斯已将一个敏捷组织的各项组成要素都落实到位。但他是如何"鼓励"他的员工采取这些行为的呢？正如我们所指出的，即使员工知道这样做是正确的，他们也不会仅仅因为我们告诉他们要这样做，就采取这些优秀的行为。要让员工采取这些行为，我们首先要创造一个支持和促进这些行为的组织环境，也就是支持敏捷行为的文化、激励机制、结构、流程和人员。这正是泰斯通过在比利时联合银行开展"珍珠计划"时所重点关注的内容。通过建立这种组织环境，泰斯得以在2012—2016年以及2016—2020年在比利时联合银行进行了两次重大转型，而且他相信这种组织环境还将促进2020—2025年的转型。正如他所说的，一旦你把组织的DNA掌握清楚了，就可以确信接下来的一切都会发展顺利。

正如我们在第05章中所论述的，创造支持和促进敏捷行为的组织环境，不一定要以中心化的方式进行，也不一定要由高层管理者独自承担责任。分散在企业各处的管理人员，可以通过一些小的、有针对性的行动，实现当地组织环境的重大改变。如果操作得当，这些分散的行动可以引发无数的小火苗，而这些星星之火可以发展成为改变整个公司组织环境的燎原之势。这就是泰斯在比利时联合银行所做的事情。但正如我们在第06章中所论述的，除非制定明确的参数来指导单个管理者和团队领导者，告诉他们在没有高层管理者批准的情况下，可以做什么，不能做什么，否则用于改变组织环境的分散的（去中心化的）方式不可能取得成功。这里所说的需要制定的明确参数包括两种：组织明确传达的战略，以及组织的价值观和目标。正如泰斯满腔热情所说的那样，多年来指引比利时联合银行形成自主权和主动性的目标是"客户至上"。这个目标已经根植于组织的DNA中，并成为比利时联合银行的指南针，无论它正在进行何种转型。

比利时联合银行的这个目标还起到了第二个作用——它让员工长期对现状感到不安，并给了他们一个积极的理由去争取改变。由于客户的需求和期望一直在变化，这意味着比利时联合银行也必须一直改变，从而始终领先于客户，并实现其目标。在第02章和第03章中，我认为，要想让组织为持续的变革做好准备，我们必须首先将变革同时看作是一种威胁和一种机遇，然后，我们要花费大部分时间和精力来说服员工，让他们相信它确实是一个机遇。我们还认为，我们必须在组织中创造正确的紧迫感，其方法是给员工一个积极的目标，然后使变革的需求个人化、情感化。比利时联合银行的目标就代表了一个积极的目标，并将变革的需求转化为机遇。当然，泰斯仍然需要向他的员工"推销"这个目标，以赢得他们的情感承诺。我们不知道他是否做了这件事，也不知道他是如何做的，但从结果来看，我们可以确信，他的员工已经接受了这个目标。

成功转型的要素

到目前为止，我们总结了比利时联合银行多年来多次转型成功的重要原因。当然，这并不是一份详尽的清单，例如，我们没有研究比利时联合银行这些年来所采取的具体战略，显然，这些战略也是成功的重要因素。有许多因素都影响着转型的结果，我认为这些因素大多可以归为三大类。如图11.1所示，这些因素关乎"为什么""是什么"和"如何做"。"为什么"指转型的原因。这个原因必须是积极的，并且需要向员工进行"推销"，让他们接受。"是什么"指的是我们将采取的战略。这是针对我们所要应对的颠覆而制定的，但总的来说，它必须是创新的，必须使我们不仅能够抵御颠覆，还能利用它。此外，这一战略必须清楚地传达给我们的员工，以赢得他们的认同。"如何做"指的是应对战略所需的组织支持。这涉及组织环境的开发，一个好的组织环境可以促进敏捷性行为并支持所选择的战略。

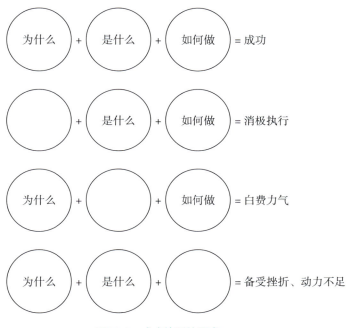

图11.1 成功转型的要素

如果以上三个因素都落实到位，那么组织转型成功的可能性就很高。如果我们将三个因素中的其中两个落实到位，但缺少"为什么"，那么我们可能会缺乏动力，从而消极执行。如果在其他两个因素到位的情况下，缺少了"是什么"，那么人们可能会充满动力，激动不已，但最终却白费力气。如果在其他两个因素到位的情况下，缺少了"如何做"，组织将备受挫折、动力不足。如果这三者中的任何两个因素缺失，那么几乎可以说，转型一定会失败。

注释

01　在颠覆性变革的浪潮中冲浪

1. Austin Carr and Dina Bass: "The most valuable company （for now）is having a Nadellaissance," *Bloomberg Business Week*, May 2, 2019.

2. Declan Butler: "Tomorrow's world," *Nature*, February 25, 2016, Vol. 530, pp. 399–401.

3. Scott D. Anthony and Paul Michelman: "The lies leaders tell themselves about disruption," Three Big Points Podcast, *Sloan Management Review*, March 3, 2020.

4. Constantinos Markides and David Lancefield: "How to convince people that a crisis is also an opportunity," *Forbes*, April 28, 2020.

5. Jeffrey Pfeffer and Robert Sutton: *The Knowing–Doing Gap: How smart companies turn knowledge into action*, Boston, MA: HBS Press, 1999.

6. 这是理查德·泰勒和卡斯·桑斯坦合著的《助推》书中的核心观点，详见Richard Thaler and Cass Sunstein: *Nudge: Improving decisions about health, wealth and happiness*, London: Penguin Books, 2009.

02　态度是关键

1. Julie Miller: "Matthew McConaughey has come to terms with Lance Armstrong's doping confession," *Vanity Fair*, March 22, 2013.

2. Christopher Bryan, Gabrielle Adams, and Benoit Monin: "When cheating would make you a cheater: Implicating the self prevents unethical behaviour," *Journal of Experimental Psychology: General*, 2013, Vol. 142, No. 4, pp. 1001–1005.

3. Paul O'Keefe, Carol Dweck, and Gregory Walton: "Implicit theories of

interest: Finding your passion or developing it?" *Psychological Science*, 2018, Vol. 29, No. 10, pp. 1653–1664.

4. As described in Barbara J. McNeil, Stephen G. Pauker, Harold Sox, and Amos Trevsky: "On the elicitation of preferences for alternative therapies," *New England Journal of Medicine*, May 27, 1982, Vol. 306, No. 21, pp. 1259–1262.

5. Clark Gilbert and Joseph Bower: "Disruption: The art of framing," *Harvard Business School Working Knowledge*, June 10, 2002; Clark Gilbert: "The disruption opportunity," *Sloan Management Review*, Summer 2003, Vol. 44, No. 4.

6. 同上。

7. Clayton Christensen: *The Innovator's Dilemma: When new technologies cause great firms to fail, Boston*, MA: Harvard Business School Press, 1997.

8. Clark Gilbert: "The disruption opportunity," *Sloan Management Review*, Summer 2003, Vol. 44, No. 4.

9. Scott Anthony, Clark Gilbert, and Mark Johnson: *Dual Transformation: How to reposition today's business while creating the future*, Boston, MA: Harvard Business Review Press, 2017.

10. Clayton Christensen: *The Innovator's Dilemma: When new technologies cause great firms to fail*, Boston, MA: Harvard Business School Press, 1997.

11. Clayton Christensen: *The Innovator's Dilemma: When new technologies cause great firms to fail*, Boston, MA: Harvard Business School Press, 1997; Clark Gilbert and Joe Bower: "Disruptive change: When trying harder is part of the problem," *Harvard Business Review*, May 2002, pp. 3–8.

12. Michael Porter: *Competitive Advantage*, New York: Free Press, 1985, p. 514.

13. Byron Reese: "AI will create millions more jobs than it will destroy," *Singularity Hub*, January 1, 2019.

14. Clark Gilbert and Joe Bower: "Disruptive change: When trying harder is

part of the problem," *Harvard Business Review*, May 2002, pp. 3–8.

03 为持续变革创造紧迫感

1. Alan Deutschman: *Change or Die: Could you change when change matters most*, New York: Regan Books, 2007.

2. John Kotter: *Leading Change*, Boston, MA: HBS Press, 1996.

3. Chip Heath: "Making the emotional case for change: An interview with Chip Heath," *McKinsey Quarterly*, 2010, No. 2.

4. David S. Pottruck: *Driving Disruption: An operator's manual*, San Francisco, CA: Maroch Hale Publishing House, 2019, pp. 59–60.

5. Angela Freymuth and George Ronan: "Modeling patient decision-making: The role of base-rate and anecdotal information," *Journal of Clinical Psychology in Medical Settings*, September 2004, Vol. 11, No. 3.

6. Nancy Pennington and Reid Hastie: "Explanation-based decision-making: Effects of memory structure on judgment," *Journal of Experimental Psychology: Learning, Memory and Cognition, 1988*, Vol. 14, pp. 521–533.

7. Everett M. Rogers: *Diffusion of Innovations, Fifth Edition*, New York: Free Press, 2003.

04 为任何颠覆性变革做好准备

1. 我们并不能清楚地知道高斯是如何想出这个解法的，书中探讨的只是其中一种可能，对此更为全面的一则讨论详见Brian Hayes: "Gauss's day of reckoning," *American Scientist*, May–June 2006, Vol. 94, pp. 200–205.

2. Gary Pisano: "The hard truth about innovative cultures," *Harvard Business Review*, January–February 2019, pp. 62–71.

3. Constantinos Markides, Daniel Oyon, Mael Schnegg, and Tony Davila: "Firms need new ways to monitor their environment," *Think at London Business School*, August 12, 2019.

4. Howard Yu and Mark Greeven: "How autonomy creates resilience in the face of crisis," *MIT Sloan Management Review*, March 23, 2020.

5. Tom McNichol: "Roads gone wild," *Wired*, December 12, 2004, Issue 12.

6. The section that follows and the one after it were originally published as: Costas Markides and Anita McGahan: "Achieving change that lasts," *Think at London Business School* (formerly *London Business School Review*) © London Business School 2015.Reprinted with permission.

7. "Connecticut hit-and-run: Where have all the Samaritans gone?" *The Guardian*, June 5, 2008.

8. "37 who saw murder didn't call the police," *The New York Times*, March 27, 1964, p. 1.

9. Jeffrey Pfeffer and Robert Sutton: *The Knowing–Doing Gap: How smart companies turn knowledge into action*, Boston, MA: Harvard Business Review Press, 1999.

10. Lee Ross and Richard E. Nisbett: *The Person and the Situation: Perspectives of social psychology*, New York: McGraw-Hill, 1991.

11. Steven Levitt and Stephen Dubner: *Freakonomics*, New York: William Morrow, 2005; S. Levitt and S. Dubner: *Think Like a Freak*, New York: William Morrow, 2014.

12. *TIME*, March 14, 2011, p. 15.

13. Jay W. Forrester: *The Collected Papers of Jay W. Forrester* (Chapter 14,p. 220), Cambridge, MA: Wright-Allen Press, 1975.

14. Michael Mankins and Eric Garton: "How Spotify balances employee autonomy and accountability," *Harvard Business Review*, February 9, 2017.

15. 在我的另一本书中，我用更长的篇幅对勒克莱克集团的情况展开了讨论，详见Costas Markides: *All the Right Moves: A guide to crafting breakthrough strategy*, Boston, MA: Harvard Business School Press, 2000, pp. 109–111.

05 以分散的方式建立一个支持性的组织环境

1. Suzanne Smalley: "Always on my mind," *Newsweek*, January 31, 2009.

2. 同上。

3. 同第13页注6。

4. 这一说法是本书作者在其先前出版的一本书中被提炼出来的，详见 Costas Markides and Anita McGahan: "What if small changes really could change the world?" *Think at London Business School* （*formerly London Business School Review*） © London Business School 2015.Reprinted with permission.

5. The Gallup Organization: "The American public's attitude toward organ donation and transplantation," Gallup Organization, Princeton, NJ, 1993.

6. Eric J. Johnson and Daniel Goldstein: "Do defaults save lives?" *Science*, November 2003, Vol. 302, No. 21, pp. 1338–1339.

7. John M. de Castro: "Eating behavior: Lessons from the real world of humans," *Nutrition*, 2000, Vol. 16, No. 10, pp. 800–813.

8. 同上，第804页。

9. 同注4。

10. 从1992年到1997年，纽约城的谋杀案犯罪率和整体犯罪率分别下降了64%和50%，详见Malcolm Gladwell: *The Tipping Point*, New York: Little, Brown and Company, 2000, pp. 5–6.

11. 所有这些案例均来自泰勒和桑斯坦所著的《助推》一书中。

12. 李·罗斯（Lee Ross）和理查德·E·尼斯贝特（Richard E.Nisbett）出色地对一系列社会心理学实验进行了汇总，详见Lee Ross and Richard E. Nisbett: *The Person and the Situation: Perspectives of social psychology*, Boston, MA: McGraw-Hill, 1991.

13. J. Philippe Rushton and Anne C. Campbell: "Modeling, vicarious reinforcement and extroversion on blood donating in adults: Immediate

and long-term effects," *European Journal of Social Psychology*, 1977, Vol. 7, pp. 297–306.

14. Richard Miller, Phillip Brickman, and Diana Bolen: "Attribution versus persuasion as a means of modifying behavior," *Journal of Personality and Social Psychology*, 1975, Vol. 3, pp. 430–441.

15. 尽管霍桑实验的实验伦理被人诟病，但在实验显著提升了生产力这一点上，它是无可争议的，其实验伦理上的问题令这一点更难以解释，详见注12中罗斯与尼斯贝特所著书中的第210页至第212页。

16. Lester Coch and John French Jr: "Overcoming resistance to change," *Human Relations*, 1948, Vol. 1, pp. 512–532.

17. Christopher Bryan, Gabrielle Adams, and Benoit Monin: "When cheating would make you a cheater: Implicating the self prevents unethical behaviour," *Journal of Experimental Psychology: General*, 2013, Vol. 142, No. 4, pp. 1001–1005.

18. Itamar Simonson and Amos Tversky: "Choice in context: Tradeoff contrast and extremeness aversion," *Journal of Marketing Research*, 1992, Vol. 29, No. 3, pp. 281–295.

19. George Land and Beth Jarman: *Breakpoint and Beyond: Mastering the future today*, New York: HarperBusiness, 1992.

20. Scott Lilienfeld and Hal Arkowitz: "Why 'Just say no' doesn't work," *Scientific America*, January 1, 2014.

21. Daniel Pink: *Drive: The surprising truth about what motivates us*, New York: Riverhead Books, 2009.

22. Kyungjoo Lee, John Brownstein, Richard Mills, and Isaac Kohane: "Does collocation inform the impact of collaboration?" *PLoS ONE*, December 15, 2010.

23. David Shaffer: "Building 20: What made it so special and why it will （probably）never exist again," *DJC Oregon*, June 19, 2012.

24. "Pixar headquarters and the legacy of Steve Jobs," *Office Snapshots.com*, July 16, 2012.

25. Jay W. Forrester: *The Collected Papers of Jay W. Forrester*, Chapter 14, p. 220, Cambridge, MA: Wright-Allen Press, 1975.

06　如何在不失去控制的情况下给予自主权

1. 这一部分的内容最初见于"Three reasons why your strategy could fail," *Think at London Business School*, © London Business School 2020. Reprinted with permission.

2. Tim Devinney: "When CEOs talk strategy, is anyone listening?" *Harvard Business Review*, June 2013, Vol. 91, No. 6, p. 28.

3. 例如，威廉·席曼（William Schiemann）发现，在他调查过的组织中，只有14%的被调查者称其员工能够较好地理解公司的战略和方向，William Schiemann: "Aligning performance management with organizational strategy, values and goals," Chapter 2, pp. 45–88 in James Smither and Manuel London: *Performance Management: Putting research into action*, San Francisco, CA: John Wiley & Sons, 2009.由美国咨询公司沃森-怀亚特开展的另一项研究则称，只有10%的员工和40%的管理者能够理解其所处组织的战略。

4. Costas Markides: "What is strategy and how do you know if you have one?" *Business Strategy Review*, Summer 2004, Vol. 15, No. 2, pp. 5–12.关于这一问题，更详尽的探讨可见 Costas Markides: *All the Right Moves:A guide to crafting breakthrough strategy*, Boston, MA: HBS Press, 2000.

5. Michael Porter: "What is strategy?" *Harvard Business Review*, November–December 1996, Vol. 74, No. 6, pp. 61–78.

6. Costas Markides: *Three Reasons Why Your Strategy Could Fail*, London Business School, 2020. www.london.edu/think/three-reasons-why-your-strategy-could-fail （archived at https://perma.cc/3SKK-LUSW）.这篇文

章最初见于 *Think at London Business School.*© London Business School 2020. Reprinted with permission.

7. Freek Vermeulen: "Many strategies fail because they are not actually strategies," *Harvard Business Review*, online edition, November 8, 2017.

8. Chip Heath and Dan Heath: Switch: *How to change things when change is hard*, New York: Crown Business, 2010.

9. Gregory Northcraft and Margaret Neale: "Opportunity costs and the framing of resource allocation decisions," *Organizational Behavior and Human Decision Processes*, 1986, Vol. 37, pp. 348–356.

10. Costas Markides: "Strategy as making choices: A discussion with John Bachmann, managing principal of Edward Jones," *European Management Journal*, June 1999, Vol. 17, No. 3, pp. 275–281.

11. Cathy O'Dowd: *Just for the Love of It*, Free to Decide Publishing, 1999.

12. Gallup, *State of the Global Workplace*, 2017.

13. Constantinos Markides and Vassilis Papadakis: "What constitutes an effective mission statement: An empirical investigation," Chapter 3, pp. 33–54 in Michael Hitt, Joan Ricart I Costa, and Robert Nixon （eds.）: *New Managerial Mindsets: Organizational transformation and strategy implementation*, Chichester, UK: John Wiley & Sons Ltd, 1998.

14. Chip Heath and Dan Heath: "The curse of knowledge," *Harvard Business Review*, December 2006, pp. 20–22.

07　利用变革

1. 这一案例基于如下研究，见Daniel Oyon, Costas Markides, and L. Duke: "The battle for the wrist: Tag Heuer and the Connected watch," London Business School, 2016.Reprinted with permission.

2. James Shotter and Tim Bradshaw: "Apple Watch starts countdown on face off with Swiss industry," *Financial Times*, 2014. www.ft.com/

content/2421ccd0- 5dca-11e4-897f-00144feabdc0 （archived at https://perma.cc/VBW3-3F5P）.

3. Dan Howarth: "'We set out to create the best watch in the world' says Apple's Tim Cook," *Deezen.com*, 2014.www.dezeen.com/2014/09/09/apple-watch- unveiled/ （archived at https://perma.cc/2R8W-LU96）.

4. James Shotter and Tim Bradshaw: "Apple Watch starts countdown on face off with Swiss industry," *Financial Times,* 2014. www.ft.com/content/2421ccd0-5dca-11e4-897f-00144feabdc0 （archived at https://perma.cc/H2EB-EM32）.

5. S. Peca: "Jean-Claude Biver: 'Il y a forcément des dissidents' chez Tag Heuer," *Le Temps*, December 17, 2014.

6. Andrew Hoyle: "TAG Heuer Connected Watch review: The most fashionable Android Wear watch comes at a price," CNET, 2016. www.cnet.com/products/ tag-heuer-connected-watch/ （archived at https://perma.cc/8QMR-TEYB）.

7. Robin Swithinbank: "TAG Heuer's revolution: It's a smartwatch.It's a mechanical watch, too," *The New York Times*, 2017. www.nytimes.com/2017/03/23/fashion/ watches-smartwatches-tag-heuer.html?_r=1 （archived at https://perma.cc/VJX3-HX2R）.

8. Sophie Charara: "The Apple Watch won but TAG Heuer is keeping a certain kind of smartwatch alive," *Wired*, March 12, 2020.

9. Clark Howard: "Travellers Aid tips and resources to help you along budget traveller," *The Atlanta Journal – Constitution*, January 1, 1995.

10. 关于该案例的研究源自 Daniel Oyon, Costas Markides, and Laura Winig: "Edipresse: Responding to a strategic innovation," London Business School, 2008.Reprinted with permission.

11. Victoria Barret: "Disrupting the disruptor," *Forbes.com*, May 20, 2009.

12. Constantinos Charitou and Costas Markides: "Responses to disruptive

strategic innovation," *Sloan Management Review*, Winter 2003, Vol. 44, No. 2, pp. 55–63.

13. Clayton Christensen: *The Innovator's Dilemma: When new technologies cause great firms to fail*, Boston, MA: Harvard Business School Press, 1997; Clark Gilbert and Joseph Bower: "Disruptive change: When trying harder is part of the problem," *Harvard Business Review*, May 2002, pp. 3–8.

14. Ryan Browne: "One of Britain's largest banks tried to rival fintechs like Monzo and Revolut—here's why it has failed," *CNBC.com*, May 1, 2020.

15. 同上。

08　如何制定一个创新的应对战略

1. Willy Shih: "The real lessons from Kodak's decline," *Sloan Management Review*, Summer 2016, pp. 10–13; Scott Anthony: "Kodak's downfall wasn't about technology," Harvard Business Review, digital edition, July 15, 2016; Chunka Mui: "How Kodak failed," *Forbes*, January 18, 2012.

2. Greg Satell: "How Blockbuster, Kodak and Xerox really failed（It's not what you think）," *Inc*, July 7, 2018.

3. Stephen McBride: "Walmart has made a genius move to beat Amazon," Forbes, January 8, 2020.

4. Jack Ewing: "The car industry is under siege," *The New York Times*, June 6, 2019.

5. Karen Weise: "Amazon's profit falls sharply as company buys growth," *The New York Times*, October 24, 2019.

6. Stephen McBride: "Walmart has made a genius move to beat Amazon," *Forbes*, January 8, 2020.

7. 关于该案例的研究源自Daniel Oyon, Costas Markides, and Lisa Duke: "NayaMed（A）," London Business School, 2015.

8. Stephen Wunker: "Five approaches when you need costovation, not

innovation," *Forbes*, December 10, 2013.

9. "US ad spending by media," *eMarketer*, August 2013.

10. Nic Fildes and Tom Wilson: "Vodafone targets Africa's unbanked with ambitious plans for M-Pesa," *Financial Times*, December 18, 2019.

11. "Toyota to build 'city of the future' at the base of Mount Fuji," *The Japan Times*, January 7, 2020.

12. Tatiana Darie: "Apple's healthcare take could be $313 billion by 2027, analysts say," *Fortune*, April 8, 2019.

13. Tim Bradshaw and Robert Armstrong: "Google in talks to move into banking," *Financial Times*, November 13, 2019.

14. Seth Schiesel: "Amazon pushes into making video games, not just streaming their play," *The New York Times*, April 2, 2020.

15. Patrick Lucas Austin: "Sony showed up to CES with a radically different concept car.A top executive told us why," *TIME*, January 14, 2020.

16. Mark van Rijmenam: "John Deere is revolutionalizing farming with big data," *Datafloq*, February 21, 2013.

17. 一种新的、有趣的观点认为，组织可以利用自身或对手的错误观念来进行创新，详见Jules Goddard, Julian Birkinshaw, and Tony Eccles: "Uncommon sense: How to turn distinctive beliefs into action," *Sloan Management Review*, Spring 2012, Vol. 53, No. 3, pp. 32–39.

18. Chan Kim and Renee Mauborgne: *Blue Ocean Strategy*, Boston, MA: HBS Press, 2005.

19. Gary Hamel and CK Prahalad: *Competing for the Future*, Boston, MA: HBS Press, 1994.

20. Adam Brandenburger: "Strategy needs creativity," *Harvard Business Review*, March–April 2019, pp. 2–9.

21. Edward de Bono: *Six Thinking Hat*s, London: Penguin Life, 2016.

22. Ranjay Gulati and Jason Garino: "Get the right mix of bricks and clicks,"

Harvard Business Review, May–June 2000, pp. 107–114.

23. 具体案例详见Paul Geroski: "What do we know about entry?" *International Journal of Industrial Organization*, 1995, Vol. 13, pp. 421–440; Paul Geroski: *Market Dynamics and Entry*, Oxford, UK: Basil Blackwell, 1991.

24. Costas Markides and Daniel Oyon: "Changing the strategy at Nespresso: An interview with former CEO Jean Paul Gaillard," *European Management Journal*, 2000, Vol. 18, No. 3, pp. 296–301.

09　测试你的应对战略

1. 该案例源自哈佛商学院开展的一项个案研究，详见Thomas Eisenmann and Laura Winig: "Rent the Runway," case number 9-812-077, Rev: December 17, 2012.

2. 这一概念源自Eric Ries: *The Lean Startup*, New York: Crown Business, 2011.

3. 本书对实验的讨论会尽可能简短，并主要专注于如何让实验为战略服务（而非产品或创意导向）。有大量讨论如何设计出"巧妙的"实验的文献，有兴趣的读者可以了解一下史蒂芬·桑克（Stefan Thomke）的作品，如Stefan Thomke: *Experimentation Matters*, Boston, MA: HBR Press, 2003, 以及 Stefan Thomke and Jim Manzi: "The discipline of business experimentation," *Harvard Business Review*, December 2014, 和Eric Anderson and Duncan Simester: "A step-by-step guide to smart business experiments," *Harvard Business Review*, March 2011.

4. Rita Gunther MacGrath and Ian MacMillan: "Discovery driven planning," *Harvard Business Review*, July–August 1995, pp. 44–54.

5. Tim Hartford: "Monty Hall and the game show stick-or-switch onion puzzle," *Financial Times*, October 6, 2017.

6. 举个例子，我布置的其中一个任务是让学生们模拟俄罗斯轮盘赌：假设你的左轮手枪里有六个弹舱，其中有三个相连的弹舱是装有子弹的，然后开始玩俄罗斯轮盘赌。如果第一枪是空枪，即你侥幸活了下来，那么，你有两种选择：选择一——你在接下来每次扣动扳机之前都先拨动转轮，如此做三次；选择二——你不再拨动转轮，而是直接连发三轮。你会如何选择？如果你擅长概率论，相信你很快就能得出正确答案。但实际上，证据却表明更多人倾向于第一种选择，即错误的选择。但如果你亲自做一下模拟实验，你就会知道为什么它是错的。

7. Ko Kuwabara: "Building success habits: Networking and the science of self-change," Columbia Business School, case ID#CU189, September 28, 2017.

10 实施你的新战略

1. Matthew Campbell and Corinne Gretler: "Nestlé wants to sell you both sugary snacks and diabetes pills," *Bloomberg.com*, May 5, 2016.

2. David E. Bell and Mary Shelman: "Nestlé," Harvard Business School case study 9-509-001, revised October 15, 2012.

3. 支持性和破坏性这两种说法由克里斯坦森在其关于颠覆性创新的论著中提出，见Clayton Christensen: *The Innovator's Dilemma*, Boston, MA: Harvard Business School Press, 1997.

4. Elliot Maras: "An insider's view of Wal Mart's digital transformation," *Retail Customer Experience*, February 21, 2019; Pamela Danziger: "Wal Mart doubles down on its transformation into a technology company," *Forbes*, October 22, 2018.

5. Richard Waters: "FT Person of the Year: Satya Nadella," *Financial Times*, December 18, 2019.

6. Charlene Li: *The Disruption Mindset*, Washington, DC: IdeaPress Publishing, 2019, p. 47.

7. 同上。第41页。

8. Mark Sweney: "Studios bypass cinemas with lucrative lockdown premieres," *The Guardian*, UK edition, May 2, 2020.

9. Clayton Christensen: *The Innovator's Dilemma: When new technologies cause great firms to fail*, Boston, MA: Harvard Business School Press, 1997; Clark Gilbert and Joseph Bower: "Disruptive change: When trying harder is part of the problem," *Harvard Business Review*, May 2002, pp. 3–8; Clark Gilbert, Matthew Eyring, and Richard Foster: "Two routes to resilience," *Harvard Business Review*, December 2012.

10. B. Harreld: "Which businesses to grow? Which not?" *Across the Board*, November–December 2004, pp. 9–10.

11. Charles O'Reilly III and Michael Tushman: "The ambidextrous organization," *Harvard Business Review*, 2004, Vol. 82, No. 4, pp. 74–81.

12. Clark Gilbert and Joseph Bower: "Disruptive change: When trying harder is part of the problem," *Harvard Business Review*, May 2002, pp. 3–8.

13. Sumantra Ghoshal and Lynda Gratton: "Integrating the enterprise," *Sloan Management Review*, 2003, Vol. 44, No. 1, pp. 31–38.

14. VG Govindarajan and Chris Trimble: *Ten Rules for Strategic Innovators: From idea to execution*, Boston, MA: HBS Press, 2005.

11　总结

1. John Manning: "For KBC, Europe's leading bank-insurer, digital first means customer first," *International Banker*, April 1, 2019.

2. 同上。

3. Lex: "High hopes for banking in the low countries" , *Financial Times*, May 18, 2015.